항공객실업무론

AIRLINE CABIN SERVICE

양지혜 지음

양성원

머리말

오늘날 여가문화 확산, 가계소득 증가에 힘입어 항공 수요는 증가하고 있으며 각 항공사들은 서비스 부분에서 차별화를 시도하고 있다. 항공 산업은 인적 서비스에 대한 의존도가 높은 산업으로, 불확실한 외부환경 변화에서 지속적인 경쟁우위를 달성하기 위해서는 고객접점의 최일선에 있는 객실승무원의 역할이 중요하다.

이러한 항공 산업의 변화에 따라 객실승무원을 꿈꾸는 학생들이 항공사 객실업무에 대한 기초지식과 실무지식을 습득하는 데 도움을 주고자 이 책을 집필하게 되었다.

본서에서는 학생들의 이해를 돕기 위해 생소한 기내서비스 관련 용어에 대한 설명을 자세히 하고자 하였고, 현장감을 느낄 수 있는 다양한 사진을 수록하였다. 또한 각 장에 들어갈 때마다 학습목표를 세우고 각 장 마지막에는 Worksheet를 만들어 알아야 할 내용을 정리할 수 있도록 하였다.

1장에서는 객실승무원이라는 직업의 이해를 돕기 위해 객실승무원의 정의, 자질 및 자격, 직급체계와 임무 등 전반적인 내용을 다루고 있으며, 2장에서는 객실승무원의 근무규정을 자세히 설명하였다. 3장에서는 항공기 외부구조, 항공기 객실 내부구조, 항공기 비상 · 보안 장비를 수록하였다. 4장에서는 기내서비스에 관련된 내용으로 기내서비스의 개념과 특성, 기내 물적 · 인적 서비스를 구분하여 다루었으며 기내서비스 용품의 종류와 용도에 대한 내용으로 구성하였다. 5장에서는 기내식음료의 이해를 돕기 위해 서양식음료이론을 정리하였고, 객실승무원이 갖추어야 할 기내식음료 서비스의 원칙에 대해서 다루었다. 마지막으로 6장에서는 기내서비스 업무 절차에 대해 국제선 비행을 바탕으로 항공기 탑승 전부터 하기까지 전체적인 업무흐름을 파악할 수 있도록 정리하였다.

항공사 승무원이 되기를 희망하는 학생들이 본서를 통해 항공사 객실승무원 직무에 대한 이해와 흥미유발에 도움이 되고 이론과 실무를 연결하는 다리가 되기를 바란다.

이 책이 출간되기까지 필요한 자료와 정보수집에 많은 도움을 보내 준 항공사 동료와 후배, 항상 응원해 주시는 문희정 교수님, 출간되기까지 애써 주신 양성원 출판사 관계자분들께 진심으로 감사드립니다.

저자 양지혜

차 례

3 항공기 구조

4 기내서비스의 종류

5 기내식음료의 이해

6 기내서비스 업무 절차

Chapter

01

객실승무원의 이해

학습목표

1. 객실승무원의 정의와 유래를 이해할 수 있다.
2. 객실승무원의 자질과 자격을 이해할 수 있다.
3. 객실승무원의 직급체계와 임무를 이해할 수 있다.
4. 객실승무원의 지휘체계를 이해할 수 있다.

Chapter 01

객실승무원의 이해

1. 객실승무원의 정의 및 유래

1) 객실승무원의 정의

「항공안전법」 제1장 제2조 17항에 의하면 "객실승무원이란 항공기에 탑승하여 비상시 승객을 탈출시키는 등 승객의 안전을 위한 업무를 수행하는 사람을 말한다."라고 명시되어 있다.

객실승무원의 업무는 크게 안전업무와 서비스업무로 나눌 수 있으며 다루는 업무는 다음과 같다.

첫째, 안전업무는, 항공기의 안전 운항을 위해 기장과 협조하여 승객 안전과 비상탈출에 관한 업무를 담당한다.

둘째, 서비스업무는, 승객이 목적지에 도착하기까지 항공사별 제반규정과 서비스절차에 따라 최상의 물적서비스와 인적서비스가 제공되도록 최선을 다해야 한다.

객실승무원의 명칭

항공기에서 사용되는 명칭이나 용어는 주고 선박 용어에서 유래된 것들이 많다. 예를 들어, 객실은 Cabin, 조정실은 Cockpit, 기장은 Captain, 승무원은 Crew, 기내 바닥은 Deck, 순항을 의미하는 Cruise 등이 대표적이다. 객실승무원을 가리키는 용어는 Flight Attendant, Cabin Attendant, Cabin Crew, Steward, Stewardess 등 다양한 표현들이 혼용되어 사용되고 있었으나 최근에는 주로 Flight Attendant, Cabin Attendant, Cabin Crew가 사용되고 있다.

2) 객실승무원의 유래

세계 최초로 항공 객실승무원으로 인정받는 인물은 1888년 독일에서 태어난 하인리히 쿠비스(Heinrich Kubis)이다. 그는 런던 칼튼(Carlton), 파리의 리츠(Ritz) 등의 고급 호텔에서 근무한 경험으로 사상 최초의 항공사라고 평가되는 DELAG에서 일을 시작하였으며 1912년 비행선 Zeppelin LZ-10 Schwaben에 탑승해 기내 식사 서비스를 제공하는 역할을 담당했다. 초기에는 혼자 기내 식사 서비스 등을 담당했으나 비행선이 대형화되고 탑승객이 증가하면서 최대 15명 정도의 동료와 함께 기내 식사 서비스를 담당하며 책임자 역할을 수행했다.

▲ 하인리히 쿠비스

▲ 비행선(LZ-127 Graf Zeppelin) 객실의 쿠비스

▲ 엘렌 처치: 세계 최초 여승무원

그 이후 항공사상 최초의 여승무원은 미국 아이오와주 출신의 샌프란시스코병원에서 근무했던 간호사 엘렌 처치(Ellen Church)이다. 그녀는 1930년 오늘날 유나이티드항공(United Airline)의 전신인 보잉항공수송회사(Boeing Air Transport Co.)에 조종사로 지원을 하였으나 거절당하고 객실요원으로 한 달 탑승을 전제로 채용되었다. 그 후 그녀의 서비스에 대한 승객의 호평으로, 보잉항공수송회사는 7명의 정식간호사를 추가 채용하여 근무하도록 했으며 이를 계기로 여성 객실승무원 제도를 본격적으로 도입하게 되었다. 당시 승무원의 업무는 기내 서비스 외에도 승객의 수하물 운반, 비행기의 연료공급, 비행기 지상 이동 등을 돕는 역할도 담당했다.

당시의 여승무원 채용기준은 미혼으로 25세 미만에 신장 162cm이하였으며 이는 여객기 내부가 좁고 천장이 낮았기 때문이라고 한다. 이러한 미국항공사의 채용제도는 유럽까지 전해졌으며 1934년 Swiss Air, 1935년 KLM에서 여승무원을 채용하면서 유럽전역에도 여승무원의 활약이 시작되었다.

당시 객실승무원들의 복장은 간호사와 비슷한 흰색모자와 흰색가운을 착용했다. 그 후 1, 2차 세계대전을 거치면서 군복을 변형해서 만든 여성 특유의 맵시를 살린 디자인의 제복이 유행하기도 했었다. 현재는 나라별, 항공사별로 전통과 기업문화를 살린 실용적이고 세련된 유니폼을 선보이고 있다.

▲ 1930년대 객실 여승무원 모습

2. 객실승무원의 자질과 자격

1) 객실승무원의 자질

국제화 시대에 전문성을 갖춘 항공사 객실승무원이 되기 위해서는 다양한 자질들이 필요하며 항공사마다 요구하는 자질과 인재상에 다소 차이가 나타난다. 최근 국내 저비용 항공사들이 급증하면서 다양한 재능을 선호하는 채용 기준이 발표되기도 하였지만 공통적으로 추구하는 인재상을 요약하면 다음과 같다.

객실승무원들은 기내에서 안전과 서비스를 담당하는 투철한 직업의식과 안전의식을 가져야 한다. 항공기라는 특수한 환경에서 재산과 인명에 대한 안전은 다른 어떤 서비스로도 바꿀 수 없는 중요한 개념이며 전문적인 업무지식을 바탕으로 승객들에게 취항지정보, 비행정보 등을 제공해야 한다. 또한 상대방을 먼저 생각하고 배려하는 자세로 친절하고 상냥한 서비스마인드를 갖추어야 한다.

객실승무원은 같이 근무하는 팀원들의 의견을 경청하고 화합하여 업무를 수행해야 하기 때문에 긍정적인 사고방식으로 원만한 인간관계를 형성할 수 있는 자질을 갖추어야 한다. 또한 다양한 국적의 승객들을 응대하는 데 있어서 여러 나라의 문화를 이해할 수 있는 세련된 글로벌 매너와 외국어 구사 능력이 필수적인 자질로 요구된다.

객실승무원은 승무원 개개인이 그 항공사의 이미지를 대표하고 있기 때문에 공항에서, 버스에서, 길거리에서 마주친 승무원의 언행은 잠재고객들에게 좋은 기억으로 또는 좋지 않은 기억으로 항공사의 이미지가 결정되기도 한다. 따라서 객실승무원은 항공사를 대표하는 인적자원으로서 승객들에게 긍정적인 이미지를 심어 줄 수 있도록 항상 자신의 태도와 언행을 잘 관리하며 신중하게 행동해야 한다.

마지막으로 객실승무원은 항공기 탑승근무에 적합한 건강과 신체조건을 유지해야 하며 평상시에 허리나 무릎 통증, 빈혈, 감기 등의 증상이 없도록 체력을 잘 관리하여야 한다. 건강상의 이유로 비행근무에 알맞은 신체적 상태가 아닐 경우에는 반드시 항공의료원의 비행 적합성에 대한 확인을 받아야만 비행에 임할 수 있다. 최근 항공사 객실승무원 채용절차에 체력부분의 중요성이 대두되고 있다.

2) 객실승무원의 자격

(1) 신체 및 건강 요건

객실승무원은 낮은 기압 및 습도, 높은 고도 등 특수한 환경에서 근무를 해야 하기 때문에 항공기 탑승 근무에 적합한 신체 조건이 요구된다. 또한 비상시 기내 안전 업무를 수행하기 위해서는 최상의 육체적, 정신적 관리가 중요하며 근무에 적합한 건강을 유지할 수 있도록 관리해야 한다. 항공사에서는 매년 정기적인 신체 검사를 시행하고 있으며 결과에 따라 정해진 조건이 미달될 경우 비행근무가 제한 혹은 일시 정지되기도 한다. 또한 객실승무원은 근무에 적합한 건상상태를 유지할 수 있도록 적정 체중을 유지해야 하며, 타인에게 혐오감을 주는 외모적 손상이나 훼손이 있을 때는 회복 시까지 그 자격이 일시 정지된다. 근무 중 발병이나 부상 등 신체 건강상의 사유로 근무가 어려운 경우 자격이 일시 정지되거나 정도에 따라서 상실되기도 하며 회복 후에는 근무 복귀 시 항공의료원의 검진을 받아야 한다.

(2) 교육이수

객실승무원은 항공기 안전운항을 위해 비행 근무 중 비상 상황 시 필요한 조치를 취할 수 있는 지식과 능력을 갖추어야 한다. 이를 습득하고 유지하기 위해 객실승무원 안전 훈련 매뉴얼(Cabin Crew Training Manual)에 명시된 소정의 교육훈련(초기훈련, 기종전문훈련, 정기훈련, 재임용훈련)을 이수하고 심사에 합격한 자여야 한다. 안전 훈련을 포함한 신입전문훈련과정을 이수하고 심사에 합격한 자만이 신입승무원으로서 근무할 수 있으며 항공사마다 상이하나 입사 시 12주 정도(국제선 기준) 신입전문훈련을 받는다. 또한 객실승무원은 직급과 경력(근무연한)에 따라 각 항공사별로 소정의 교육과정(상위 클래스 교육 또는 보수교육)을 이수하고 심사에 합격해야 한다.

교육의 종류

- 항공사 신입사원 교육
- 신입 승무원 교육: 국내선, 국제선 비행교육
- 신입안전훈련(Initial): 신입 객실승무원을 대상으로 객실승무원 자격을 취득하기 위한 최초훈련 과정으로 초기훈련과 기종전문훈련을 받는다.
- 정기안전훈련(Recurrent): 신입 안전훈련을 이수 한 후 모든 승무원을 대상으로 실시하며, 매 12개월마다 안전업무 수행능력에 대해 점검을 받고 합격해야 승무자격을 유지할 수 있다.
- 재임용안전훈련: 휴직, 공상, 사상 등으로 훈련적격기간 내에 정기안전훈련을 이수하지 않은 승무원을 대상으로 하며, 정해진 재임용안전훈련을 이수한 경우 승무자격을 복원할 수 있다. 그러나 최종 교육 이수 월로부터 만 36개월을 초과한 경우 신입안전훈련을 다시 이수해야 한다.
- 상위 클래스 교육
  - F/CLS, C/CLS 직무교육
- 직급별 보수교육
  - 국내선 Purser 교육, 국제선 Purser 교육, 방송보수교육,
  - 서비스 Leader 교육: 객실승무원에서 부사무장 직급으로 승급한 자를 대상으로 객실사무장으로서 안전업무에 대한 직무수행능력을 배양하기 위하여 실시한다.

3. 객실승무원의 직급체계와 임무

1) 객실승무원의 직급체계

항공사 객실승무원의 직급체계와 그에 대한 호칭은 항공사마다 약간의 차이가 있으나 대한항공의 경우 인턴승무원은 2년의 근무 후 전환심사를 거쳐 정규직 객실승무원이 된다. 각 직급의 진급은 항공사마다 조금씩 차이가 있으나 일반적으로 3년에서 4년 정도의 기간을 두고 이루어지며 승급기준은 인사고가 및 자격시험을

통해 이루어진다. 예를 들어, 대한항공의 직급체계를 살펴보면 다음과 같다.

일반직 직급	객실승무원 직급	영문 직급	영문 약자	근무 연차
부장	수석사무장	Chief Purser	CP	-
차장	선임사무장	Senior Purser	SP	4년
과장	사무장	Purser	PS	4년
대리	부사무장	Assistant Purser	AP	3년
사원	남/여승무원	Flight Attendant	SD/SS	3년
인턴	인턴 승무원	Flight Attendant	SS	2년

▲ 대한항공 객실승무원의 직급 체계

2) 객실승무원의 직책별 임무

객실승무원은 항공기의 안전 운항을 위해 기장과 협조하여 승객의 안전과 비상탈출에 관한 임무를 수행하여야 하며, 안전하고 쾌적한 비행 환경을 조성하고 유지하는 것에 대해 책임을 져야 한다. 또한 각 항공사의 기업이념이 반영된 객실서비스 정책을 기반으로 규정과 서비스절차를 준수하여 승객에게 최상의 서비스를 제공되도록 최선을 다해야 한다.

(1) 객실사무장

객실사무장은 비행 전 학습, 객실 및 합동브리핑, 여객 · 운송 부문, 기내에서 얻은 정보 등 비행근무를 위해 수집한 모든 정보를 바탕으로 회사가 정한 규정 안에서 고객지향적인 서비스를 계획하고, 승무원들의 서비스역량을 파악하여 관리함으로써 객실서비스가 지향하는 목표에 이를 수 있도록 해야 한다.

- 객실브리핑(Cabin Briefing) 주관
- 승무원 업무 배정(Duty Assignment)
- 기내 서비스(In-Flight Service) 진행관리 및 감독
- 비행 전 객실 설비 기능 점검, 비상장비 및 보안장비 점검 및 결과 보고
- 항공기 입·출항 서류 및 Ship Pouch관리
- 기내방송관리(위임 가능)
- VIP, CIP, Special Passenger 응대
- 비행 중 Irregular(IRR)상황 대처 및 보고
- 해외 체류 시 객실승무원 관리 및 현지지점과의 업무연계
- 객실승무원, 운항승무원, 정비사, 운송직원과의 의사소통
- 해당 편 서비스 업무 수행
- 안전 비행 제반 조치
- 객실승무원 제반 교육

(2) 객실부사무장

객실부사무장은 객실사무장을 보좌하여 Y/CLS(일반석) 기내서비스 수행의 책임이 있으며, 동승한 승무원 관리와 통제의 실무자로서 적절한 판단능력을 갖추어야 한다.

- 객실사무장의 업무 보좌 및 지원
- 객실사무장이 임무 수행이 불가능할 경우 업무 대행
- Y/CLS 서비스 총괄(Y/CLS에 탑승한 Special Passenger Handling 담당자 지정 및 확인)
- Service Item 탑재 확인

- 수습 승무원 훈련지도 및 평가
- 기내 면세품 판매를 위한 업무 지원 및 완료 상황 확인
- 기내 Entertainment Procedure 진행 및 보고
- 입국에 필요한 서류 배포 및 작성에 대한 승무원의 업무 지원
- 기내 유실물 및 분실물 점검, 처리

(3) 일반 객실승무원

업무배정(Duty Assignment)에 따라 비행 중 본인에게 할당된 업무 및 항공사 매뉴얼에서 규정된 사항을 공통적으로 수행한다.

- 동료 승무원과의 업무협조
- 운항 승무원과의 업무협조
- 정비사 및 운송직원과의 업무협조
- 배정된 담당 Zone의 서비스 및 안전 업무 수행
- 담당 Zone의 승객 지원 업무 수행
- 기내 방송 업무를 부여받은 승무원은 추가적으로 기내 방송 업무 실시
- 현지 승무원(R/S: Regional Stewardess)은 일반 객실승무원의 임무 및 현지승객의 의사소통을 담당하며 비행 중 실시되는 모든 기내방송을 자국어로 실시

4. 객실승무원의 지휘체계

1) 지휘 계통과 상황 처리

항공기 승무원은 항공기를 운항하는 운항승무원(Cockpit Crew)과 객실의 안전과 고객서비스를 담당하는 객실승무원(Cabin Crew)으로 나눌 수 있다.

일반적으로 국내항공사의 지휘 계통은 아래 그림에서 보는 바와 같이 정상적인 경우 기장 → 객실사무장 → 객실부사무장 → 객실승무원의 서열로 이루어지며, 만약 기장에게 임무를 수행할 수 없는 상황이 발생하면 부기장 → 객실사무장 → 객실부사무장 → 객실승무원의 순서로 지휘권이 승계된다. 반면 보고체계는 객실승무원 → 객실부사무장 → 객실사무장 → 기장의 체계로 보고하도록 규정하고 있다. 기내서비스에 대한 책임은 객실사무장에게 있으며 운항전반에 관한 총 책임은 기장에게 있다.

객실승무원은 비행 중 발생한 IRR상황 시 이 지휘체계를 반드시 준수해야 하며 이 과정에서 정당한 지시사항을 수행하지 않은 객실승무원은 회사에 보고하여 징계할 수 있다.

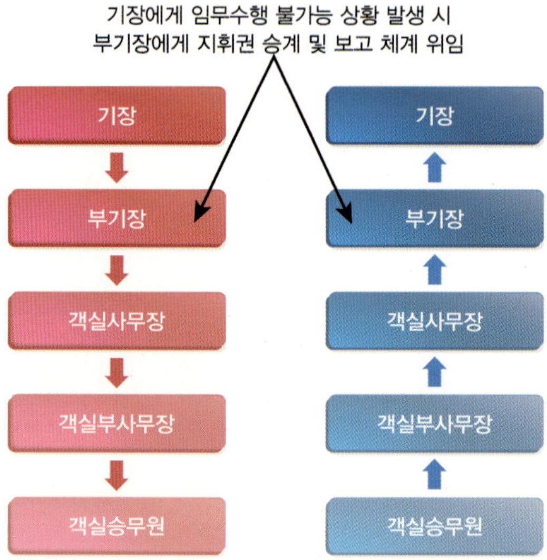

▲ 지휘 계통 ▲ 보고 체계

▲ Cockpit 내 운항승무원

Worksheet

1. 객실승무원의 정의에 대해 설명해 보세요.

2. 객실승무원의 직책별 임무 중 객실사무장의 업무내용을 설명해 보세요.

3. 객실승무원의 직책별 임무 중 객실부사무장의 업무내용을 설명해 보세요.

4. 객실승무원의 직책별 임무 중 일반 객실승무원의 업무내용을 설명해 보세요.

5. 국내항공사의 정상적인 지휘계통과 보고체계를 설명해 보세요.

MEMO

Chapter

02

객실승무원의 근무규정

학습목표

1. 객실승무원의 일반적인 준수사항을 이해할 수 있다.
2. 객실승무원의 해외 체재 규정을 이해할 수 있다.
3. 객실승무원의 근무규정을 이해할 수 있다.
4. 객실승무원의 용모 복장 규정을 이해할 수 있다.

Chapter 02

객실승무원의 근무규정

1. 객실승무원의 일반적인 준수사항

1) 개인 정보 수정의 의무

객실승무원은 실거주지 주소, 전화번호, 이메일 주소를 회사에 반드시 등록해야 하며 변경사항이 발생하는 경우에는 각 항공사 웹사이트에 접속하여 개인정보를 즉시 수정해야 한다.

2) 필수 휴대품 소지 의무

객실승무원은 출입국에 필요한 승무원 ID Card, 여권을 항상 지참해야 하며 분실 또는 훼손되지 않도록 관리해야 한다. 또한 회사의 증명서 발급 담당자는 승무원이 소지하는 각종 증명서의 유효기간을 잘 파악하여 만료되지 않도록 갱신하고 발급받을 수 있도록 한다.

3) 개인 서신, 지시사항의 확인 및 이행 의무

각 항공사 승무원 대기실에 비치된 게시판, 개인 Mail Box, 인트라넷 등을 통해 공지 및 지시사항을 비행 전후 반드시 확인하여 숙지하고 이행해야 한다.

4) 개인정보 보호의 의무

객실승무원은 승객의 개인정보 사항이나 기록에 대해 비밀을 유지해야 하며 승객에 관한 정보를 외부에 유출해서는 안 된다. 비행 중에도 승객의 정보가 담긴 SHR(Special Handing Request) 취급 시 유의해야 한다. 또한 개인의 서신을 위해 회사의 주소를 사용하는 것은 금지되며, 회사 신분증을 양도하거나 회사 웹사이트의 비밀번호를 타인에게 공개해서도 안 된다.

5) 홍보 활동에 대한 승인 의무

특정 항공사 소속 객실승무원의 신분으로 외부기관의 인터뷰나 방송 출연 등을 하게 될 경우에는 사전에 회사의 승인을 받아야 한다.

6) 취식 금지 의무

객실승무원은 비행 근무 직전 또는 비행 중 강한 냄새를 풍기는 전통음식(김치, 고추장, 젓갈 등 포함)의 취식을 제한하고 있으며, 만약 취식하였을 경우에는 양치질 등으로 구강을 청결하게 유지하여야 한다.

7) 금주의 의무

비행근무 12시간 전부터 비행이 끝나는 시점까지 음주가 금지되고 있으며 혈중 알코올 농도가 0.04%를 초과해서는 안 되고 비행이 종료된 이후라 하더라도 유니폼을 착용한 채 음주를 해서는 안 된다.

8) 서신보안의 의무

객실승무원은 항공사의 공식 문서(규정, 교재, 서류 등)를 사전 승인 없이 외부에 양도 및 대여할 수 없으며, 타인으로부터 부탁받은 물건이나 문서를 대리로 운반 혹은 전달할 수 없다.

9) 청결 의무

객실승무원은 기내뿐만 아니라 외부에서도 승객에게 불쾌감을 주지 않도록 항상 용모와 복장을 단정하고 청결하게 유지해야 할 의무가 있다.

10) 기용품 및 회사용품 사용 규정

기내에서 서비스하는 용품은 회사의 자산이므로 개인의 목적을 위해 임의로 사용해서는 안 된다. 또한 기내용품은 모두 보세용품으로 세관법상 기내가 아닌 곳에서는 유통, 판매할 수 없다. 회사의 공식적인 서면 승인 없이 기내에 탑재된 Service Item을 포함한 모든 물품을 반출하여 사용해서는 안 되며 항공기 외부로 반출 시 사규에 의해 처벌받을 수 있다.

11) 건강관리 의무

향정신성 약물을 복용 후 그 영향이 남아 있는 상태에서 비행이 불가하며, 영향이 남아 있는 상태라고 판단 시, 회사에 보고하고 필요시 비행 근무 제외 등의 적극적인 조치를 취해야 한다. 객실승무원은 비행 전 수혈 행위를 금하며, 부득이한 경우 수혈한 승무원은 72시간 내에 비행을 금지한다. 또한 항공기 출발 24시간 이내 스쿠버다이빙을 하여서는 안 된다.

수혈 비행 근무 72시간 이내로 제한하는 이유는?

호흡곤란, 빈혈, 저산소증을 유발할 수 있는 가능성이 있으므로 회복을 위해 수혈 후 비행기 탑승 대기시간을 제한한다.

스쿠버다이빙을 항공기 출발 24시간 이내로 금지하는 이유는?

시각장애, 관절과 피부 등에 통증, 저림, 마비, 의식불명, 피로 등 압력 차로 인한 감압증의 증상이 뒤늦게 나타나는 경향이 있으므로 회복을 위해 스쿠버다이빙 후 비행기 탑승 대기시간을 제한한다.

2. 객실승무원의 해외 체재 규정

1) 숙소 이탈 금지 및 숙소 귀환 시간 준수

객실승무원은 해외체재 시 지정된 숙소 이외의 장소에서 허가 없이 숙박해서는 안 되며 체재지(Station)가 속해 있는 행정구역 명칭상의 경계선(Boundary)을 넘어 이동할 수 없다. 장시간 외출 시에는 객실사무장에게 행선지, 연락처, 귀환시간 등을 알리고 허가를 받아야 한다. 또한 호텔 Pick Up 12시간 전에는 비행에 지장이 없도록 충분한 휴식을 취해야 한다. 팁(Tip)을 하는 나라에서는 반드시 그에 준하는 팁(Tip)을 하도록 한다.

2) 호텔 규칙 준수

호텔에서 정한 일반적인 규칙을 준수해야 한다. 기본적으로 호텔 Room에서의 취사 행위는 금지되어 있으며 카펫 등에 이물질을 쏟는 등 지나치게 지저분한 상태로 사용해서는 안 된다. 또한 호텔의 다른 손님에게 불편을 끼치거나 취침을 방해하는 행동을 해서는 안 된다.

3) 도박 행위 금지

객실승무원은 해외 체재 시 도박행위(카지노 출입 포함)를 해서는 안 된다.

4) 풍기 문란 행위 금지

객실승무원은 해외에서 외국인, 내국인을 막론하고 이성과의 풍기 문란 행위로 인해 항공사와 승무원의 이미지를 손상시켜서는 안 된다.

3. 객실승무원의 근무규정

1) 비행시간 산정기준

비행시간은 최초로 항공기가 이륙하기 위해 움직인 시각부터 비행 완료 후 항공기가 완전히 정지한 시각까지를 비행시간으로 산정하는데 비행이 양 월에 걸친 경우에는 해당편 출발 공항의 현지 일자를 기준으로 산정한다.

예) KE012 LAX/ICN

2021년 07월 31일 00시 20분(현지 시간) 출발

2021년 08월 01일 05시 10분(한국 시간) 도착

→ 비행시간 12시간 50분은 7월 비행시간으로 산정된다.

2) 승무인원 할당

객실승무원 탑승 인원은 효율적인 서비스 업무 수행, Class별 서비스 수준 유지 및 비행 안전을 고려하여 결정하되, 승객의 비행안전 확보를 위한 최소 탑승 객실승무원 수는 승객 좌석 50석당 1명으로 한다.

3) 근무방식

객실승무원의 근무는 개인별 월간 스케줄 표에 의거하여 이행되며 승무, 편승, 공항 대기, 지상근무, 자택 대기, 휴일, 휴가, 교육 등이 포함된다. 근무일정은 운항 스케줄이나 승객 예약 상황에 따라 변동되기도 하므로 객실승무원은 항상 스케줄 표를 확인하고 근무에 임하도록 한다. 객실승무원은 스케줄에 할당된 근무를 사전 승인 없이 이행하지 못하면 징계의 대상이 되며, 대한항공의 경우 승무원 상호 간에 스케줄을 바꿀 수 없다. 이미 할당된 근무일정을 질환 및 개인사유로 변경하고자 할 때에는 해당 편 출발 24시간 이전에 소정의 절차를 걸쳐 허가를 득해야 한다.

(1) 승무

객실승무원이 항공기에 탑승하여 비행업무를 수행하는 것을 말한다. 항공기가 이륙하기 위하여 움직이기 시작한 시각부터 최종목적지에 항공기가 정지한 시각까지 소요된 시간을 Block Time이라고 한다. 이는 운항승무원 및 객실승무원의 근무시간 산정 기준이 된다.

(2) 편승(Extra Flight, Deadheading)

객실승무원이 다음 승무를 위해 또는 승무를 마치고 할당된 업무 없이 회사 지시에 의해 공항과 공항 사이를 자사 또는 타사 항공편으로 이동하는 것을 말한다. 이때 복장은 사복을 원칙으로 하되 노출이 심한 민소매, 쫄티, 쫄바지, 츄리닝 등

승무원으로서 품위를 손상시키는 복장은 삼간다. 승객좌석에 착석하여 승객과 동일하게 기내 안전 규정을 준수해야 한다.

(3) Ferry Flight

항공기 정비, 항공기 인수(Delivery), 전세기 편도 운항 등 승객 탑승 없이 운항하는 비행 편을 말한다.

(4) 대기(Stand-by)

객실승무원의 결원이나 비정상적인 상황 발생으로 인원 충원이 필요할 때 즉시 조치하기 위하여 지정한 장소에서 대기하는 근무를 말한다. 공항의 승무원대기실에서 대기하는 공항대기(Airport Stand-By)와 거주지에서 대시하는 자택 대기(Ready Flight: RF)가 있다.

공항대기(Airport Stand-By)란?

당일 항공편에 결원 발생 시 그 충원을 위하여 지정된 근무 장소(공항 또는 항공사 내부)에서 대기하는 것을 말한다. 대기 시에 완전한 승무 복장을 갖추고 어떠한 형태의 승무(장거리 비행, 편승비행)에도 임할 수 있도록 준비되어야 하며 지정된 근무 장소를 이탈해서는 안 된다.

자택 대기(Ready Flight: RF)란?

비행 당일 정비, 기상 등과 같은 Irregular 상황으로 인해 과도한 근무시간이 발생하거나 공항대기 인원이 부족할 경우 자택에서 대기하고 있는 승무원에게 근무가 부여될 수 있다. 따라서 자택 대기 승무원은 당일 장거리비행 준비를 하고 정해진 시간(09:00~17:00)까지 회사와 연락할 수 있는 방법을 유지하며 자택에서 대기해야 한다.

(5) 휴식

객실승무원이 거주하는 지역(모기지)이나 국내외 스테이션에서 근무를 마친 후 다음 근무를 시작하기 전까지 회사 업무에서 벗어나 있는 시간을 말한다.

모(母)기지란?

객실승무원이 거주하는 지역을 말하는 것으로, 내국인 승무원의 경우에는 별도의 규정이 없는 한 서울(ICN, GMP)을 의미하며 부산이나 다른 지역(예: 청주, 강원) Base 승무원의 모기지는 부산 또는 다른 지역(예: 청주, 강원)을 의미한다.

(6) 비행 중 Crew Rest

비행근무 중에 휴식을 의미하며 비행 소요예상 시간이 8시간 이상인 경우 2개조로 나누어 승무원 휴게 공간(Crew Rest Seat 또는 Bunk)에서 다음 근무를 위해 충분한 휴식을 취한다. 이때 근무조 승무원들은 Rest 승무원의 담당구역에 공석이 발생하지 않도록 유의해야 한다. 또한 Rest 시에는 다음 근무를 위하여 충분히 휴식을 취하며, Rest가 끝난 승무원들은 근무 시작 전 자신의 용모를 재점검해야 한다.

(7) 지상 근무

객실승무원이 객실 관련 업무를 위해 비행 업무를 중단하고 사무실 근무를 하기도 하는데 이를 지상 근무라 한다. 주로 교육훈련, 객실 서비스 계획, 비행 스케줄 계획, Appearance 담당 등 객실승무원의 지원 업무를 수행한다.

(8) 교육/훈련

객실승무원이 비행 근무를 하기 위한 자격을 유지하기 위해서는 해당 직급에 부합하는 교육 및 훈련과정을 이수하고 심사에 합격해야 한다. 이러한 교육에는 신입교육, 안전훈련, 보수교육, Class별로 다양한 교육/훈련에 임해야 하는데, 이때 비행 근무가 아닌 교육/훈련이 하나의 준 근무 형태로 객실승무원에게 부여된다.

4. 객실승무원의 용모 복장 규정

객실승무원의 유니폼은 해당 항공사의 이미지를 나타내기 때문에 항상 깨끗하고 단정하게 착용해야 한다. 유니폼 착용 시 규정된 부착물(Wing, 견장, 기타 항공사에서 지정한 부착물) 이외 개인적인 부착물을 패용하거나 착용해서는 안 되며, 스카프를 풀거나 헤어핀을 빼는 등 유니폼의 변형 착용을 하지 않도록 한다.

해외 체류 시 회사의 이미지와 객실승무원으로서의 품위를 유지하기 위해 정장 또는 준 정장에 준하는 옷차림을 유지하고, 지나치게 캐주얼한 옷이나 노출이 심한 옷 등은 피한다.

1) 여승무원의 용모 복장

(1) 머리

항공사의 규정에 따라 자신의 얼굴형과 유니폼에 어울리는 스타일로 연출한다. 항상 청결하고 건강한 상태를 유지하며 Hair Dryer를 사용하여 단정하게 손질한다. 지나치게 눈에 띄는 유행형 염색, 탈색 또는 부분 염색, 과다한 새치머리 또는 흰머리, 염색한 색상과 새로 자란 머리카락의 색상 차이가 두드러지지 않도록 한다.

(2) 화장

객실승무원의 Makeup은 밝고 건강한 이미지로 자연스럽게 연출해야 하며 피부색과 얼굴형에 맞는 Makeup으로 유니폼과 잘 어울려야 한다.

(3) 손

항상 청결하게 유지하고 매니큐어는 투명 매니큐어 또는 유색 매니큐어를 선택하여 바를 수 있다. 투명매니큐어 사용 시 손톱길이는 1mm 이내로 유지한다. 항공사에 따라 Nail Art를 허용하는 항공사도 있다.

(4) 복장 및 기타

유니폼은 항상 다림질하여 깔끔하게 착용하고, 스타킹을 반드시 착용한다. 앞치마는 항상 깨끗하게 관리하고 구김이 없도록 잘 다려진 상태를 유지한다.

2) 남승무원의 용모 복장

(1) 머리

지나치게 유행을 추구하는 헤어스타일은 삼가고 항상 단정하고 깔끔하게 짧은 길이를 유지해야 한다. 앞머리는 눈썹을 가리지 않아야 하고 옆머리는 귀를 덮지 않아야 한다. 뒷머리는 셔츠 깃에 닿지 않도록 하고 스프레이나 젤로 스타일을 정리한다.

(2) 얼굴 및 기타

면도를 깔끔하게 하고 항상 개인위생에 세심한 주의를 기울이며 구취가 발생하지 않도록 주의한다. 치아가 담배나 커피 등에 의한 착색이 심한 경우에는 치아미백관리를 통해 깨끗한 치아를 유지한다. 손은 항상 청결을 유지하며, 손톱은 길지 않도록 정리한다.

(3) 복장

유니폼은 항상 잘 다려진 상태를 유지하고 흰색 양말의 착용을 금한다. 셔츠 소매를 걷어 올려 입지 않도록 하고 목부분의 단추까지 반드시 채워서 단정하게 착용하도록 한다.

(4) 구두

운동화 및 부츠형의 구두는 삼가고, 광택이 나도록 깨끗이 닦아서 신도록 한다.

Worksheet

1. 객실승무원의 일반적인 준수사항을 설명해 보세요.

2. 비행근무 방식 중 '승무'란 무엇인지 설명해 보세요.

3. 비행근무 방식 중 '편승'이란 무엇인지 설명해 보세요.

4. 객실승무원에게 '모기지'란 무엇인지 에어부산 승무원의 예를 들어 설명해 보세요.

Chapter
03

항공기 구조

학습목표

1. 항공기의 용도 및 크기에 따른 분류를 이해할 수 있다.
2. 항공기의 외부 구조에 대해서 이해할 수 있다.
3. 항공기 객실 내부구조를 이해할 수 있다.
4. 항공기 비상 · 보안장비 사용법을 이해할 수 있다.

Chapter 03

항공기 구조

1. 항공기의 분류

1) 용도에 따른 분류

항공사에서 상업용으로 운항하는 항공기는 비행기를 의미하며 용도에 따라 승객을 운송하는 여객기와 화물만 탑재하여 운송하는 화물기로 분류할 수 있다. 외형적으로 여객기와 화물기를 구별할 수 있는 것은 비행기 동체의 창문 유무에 의해 구별할 수 있다.

▲ 화물기

출처: 대한항공 뉴스룸.

▲ 여객기

2) 크기에 따른 분류

크기에 따라 대형기, 중형기, 소형기로 분류한다. 객실 내부는 승객이 통행할 수 있는 통로(Aisle)가 있는데 통로가 한 개인 항공기를 Narrow Body(B737, A320, A321 등)라 하고, 통로가 두 개인 항공기를 Wide Body(B747, B777, B767, A380 등)라고 한다.

(1) 대형기

대형기는 통로가 두 개인 Wide Body 항공기로 A380, B747-400, B777-300 등이 대표적인 기종이며, 장착 좌석 수는 주로 248~407석이고 유럽, 미주노선 등 비행시간 10시간 이상의 장거리 비행이 가능하다. 비상구는 항공기 좌우에 각각 5~6개가 있고 객실 구역은 가장 앞쪽에서부터 A, B, C, D, E Zone으로 구분하며 Main Deck 전면과 Upper Deck은 주로 상위클래스로 운영된다. Upper Deck이 있는 B747 항공기의 경우, B Zone과 C Zone 사이에 Upper Deck으로 연결되는 계단이 있으며 A380은 A Zone에 연결되는 계단이 있다.

▲ A380 Upper Deck 연결계단

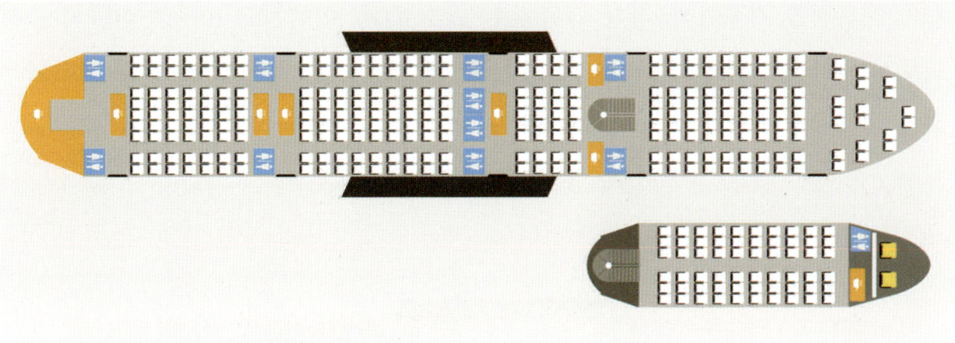

▲ Wide Body 항공기 좌석배치도(Upper Deck)

▲ 대형 항공기 객실 내부

(2) 중형기

중형기는 대형기와 동일하게 통로가 두 개인 Wide Body 항공기로 A330, B767 등이 대표적인 기종이며, 장착 좌석 수는 200~300석 이하이고 10시간 미만의 중거리노선에 주로 취항한다. 비상구는 항공기 좌우에 각각 4개가 있고 객실 구역은 가장 앞쪽에서부터 A, B, C, D Zone으로 구분한다. 항공기의 특성상 First Class는 운영되지 않는 경우가 많으며 승객이 많은 국내선에서도 운영된다.

▲ Wide Body 항공기 좌석배치도

(3) 소형기

소형기는 통로가 하나인 Narrow Body 항공기로 B737시리즈, A320 등이 대표적인 기종이며, 장착 좌석 수는 100~200석 이하이다. 주로 비행시간이 5시간 이하의 단거리 국제선이나 국내선을 운항한다. 객실은 상위 Class인 A Zone과 일반석인 B Zone으로 구분되나 항공사마다 다르며 국내선에서 전 좌석이 모두 일반석으로 운영되는 경우도 많다.

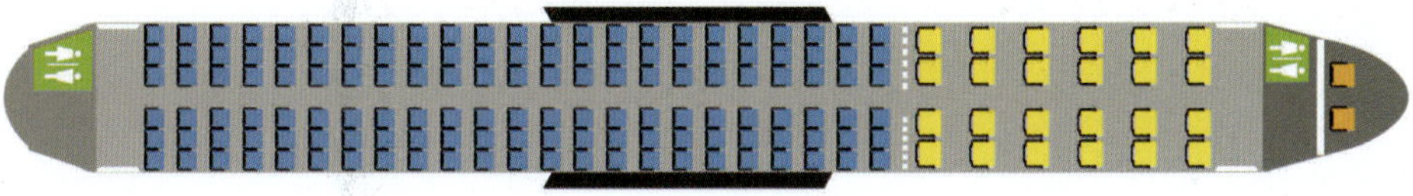

▲ Narrow Body 항공기 좌석배치도

▲ 소형 항공기 객실 내부

2. 항공기의 외부구조

1) 항공기의 외장

항공기 외장 디자인은 기업의 CI 시각화뿐만 아니라 승객들이 각 항공사를 쉽게 구분하게 할 수 있게 해 주고, 항공사에 대한 관심과 인지도를 높이는 마케팅의 중요한 요소가 된다. 제주항공은 한류스타 홍보모델의 이미지를 비행기에 래핑[1)]하여 마케팅을 하고 있으며 진에어는 '그린윙스' e스포츠 선수의 모습을 래핑하여 국내 e스포츠를 알리고 있다. 대한항공은 매년 어린이들을 대상으로 '내가 그린 예쁜 비행기' 행사를 개최하여 수상한 작품을 항공기에 래핑(wrapping)하여 운항하고 있다. 해외항공사의 경우 일본의 ANA항공은 애니메이션의 메카 일본답게 피카츄 캐릭터 및 다양한 캐릭터를 항공기에 그려서 승객들에게 즐거움을 선사하고 있다.

대한항공은 2004년 글로벌 항공사로서의 진취적이고 역동적인 이미지를 구축하기 위하여 태극문양을 응용하여 역동적인 힘을 표현하고, 프로펠러의 회전 이미지를 형상화하여 강력한 추진력과 무한한 창공에 도전하는 대한항공의 의지를 나타내고 있다.

▲ 대한항공 비행기

출처: 대한항공 뉴스룸.

1) Wrapping: 래핑이란 시설물, 건물 또는 차량 등에 디자인을 입혀 홍보를 하는 기법을 말한다. 항공기에는 동체 외벽에 페인팅 또는 특수필름을 입히는 작업을 통해 그림이나 특정 메시지를 전달하며 홍보 효과를 누리고 있다.

제주항공은 진취적이고 신뢰감을 주는 이미지를 추구하고 있다. 아시아 최고의 LCC로 발돋움하기 위한 의지를 제주의 감귤색인 선명한 오렌지 색상과 영문 로고 중 'i'에 블루 색상의 깃발 형상으로 나타내고 있다. 제주항공 임직원들에게는 전 세계로 뻗어 나가는 대표성과 리더십을 상징하며, 제주항공을 이용하는 소비자들을 맞이하는 환영과 반가움을 의미한다.

▲ 제주항공 비행기

진에어는 자유롭게 날아다니는 나비의 형상에 비행기를 결합하여 새롭고 이국적인 곳을 향해 떠나는 여행자의 특성을 나타내고 있다. 좌우 대칭 형태의 로고는 항공여행에서 가장 중요한 안정성을 의미하며 Smart Green, Curious Blue, Sincere Purple의 3가지 색상을 기업 고유의 컬러로 선정하여 기업 이미지를 시각화하였다.

▲ 진에어 비행기

에어부산은 바다의 물결과 하나되어 날갯짓하는 갈매기 형상을 심볼로 하고 있으며 CI컬러는 Deep Blue로 부산의 바다, 갈매기, 하늘 3가지를 조합한 하나의 이미지요소로 표현하였다. 부산을 상징하는 갈매기 심볼과 BUSAN이 강조된 워드마크의 조화로 고객의 기대에 부응하는 에어부산의 희망과 세계 도약의지를 나타내고 있다.

▲ 에어부산 비행기

2) 항공기 외부 구성요소

항공기 외부는 크게 동체(Fuseleage), 주날개(Main Wing), 꼬리날개(tail Wing), 랜딩기어(Landing Gear), 엔진(Engine)으로 구성된다.

(1) 항공기 동체

화물기 동체는 조종실과 화물칸으로 이루어져 있으며, 여객기 동체는 조종실, 객실, 화물칸으로 이루어져 있다. 여객기의 경우 1층은 승객 좌석이 있는

Passenger Cabin 공간이고, 그 아래 위탁수화물을 싣는 Cargo Compartment 공간이 있다. Upper Deck이 있는 기종은 Main Deck, Upper Deck으로 1층과 2층을 구별한다.

조종실은 Cockpit, Flight Deck으로 불리며 운항 승무원이 항공기를 조종하는 장소이다. 비행 시 안전운항을 위해 최우선으로 시야확보를 고려해야 하기 때문에 항공기 동체의 최상부나 최전방에 위치한다. B747기종은 Upper Deck 최전방에 그 외 기종은 1층 최전방에 위치하고 있으며 조종실 내 착석위치는 항공기 진행방향으로 좌측이 기장, 우측이 부기장 자리가 된다.

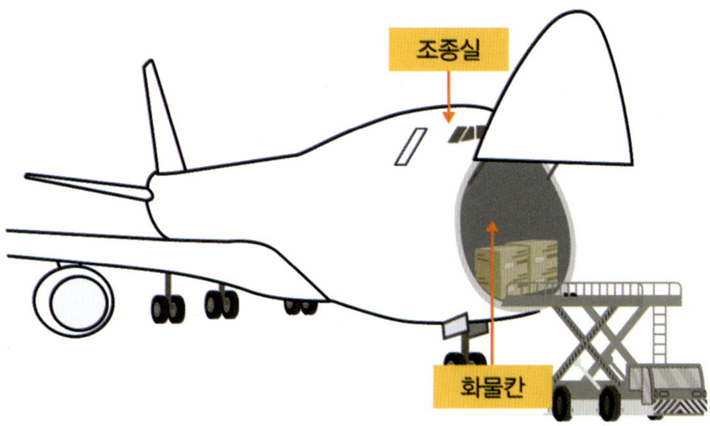

▲ 화물기 동체의 구성

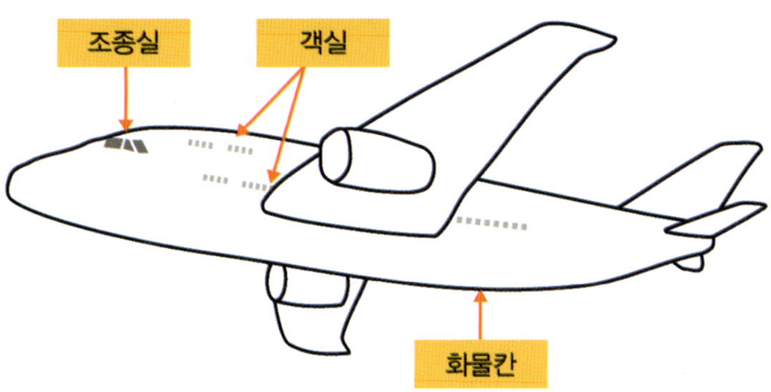

▲ 여객기 동체의 구성

(2) 주날개(Main Wing)

주날개는 날개의 공간을 이용하여 항공유를 보관하는 연료탱크의 역할과 비행 중 양력(Lift)을 발생시켜 항공기를 뜨게 하는 역할을 한다. 주날개의 주요 부속장치는 다음과 같다.

① 플랩(Flaps)

주날개 후부에 장착되어 있고 양력을 증가시키는 고양력장치(High Lift Device) 중 하나이다. 또한 착륙과 활주로 접근 시 항력(Drag)을 증가시켜 항공기의 감속을 돕는 역할을 한다.

② 스포일러(Spoiler)

주날개 위에 장착되어 있으며, 착륙 중 스포일러를 세워 공기의 저항을 이용한 감속작용을 하고 양력을 제거하는 역할을 한다. 또한 착륙 후에는 에어 브레이크(Air Brake)의 역할을 하여 제동을 돕는다.

③ 에일러론(Aileron)

보조익이라고 하며 주날개 후면부 바깥쪽에 장착되어 있다. 에일러론은 항공기 선회운동(Rolling)을 돕고 기체의 좌우 안정을 유지하는 장치이다.

④ 슬랫(Slat)

주날개 앞면에 있으며, 플랩(Flaps)과 같은 역할을 하여 Front Flaps라고도 한다.

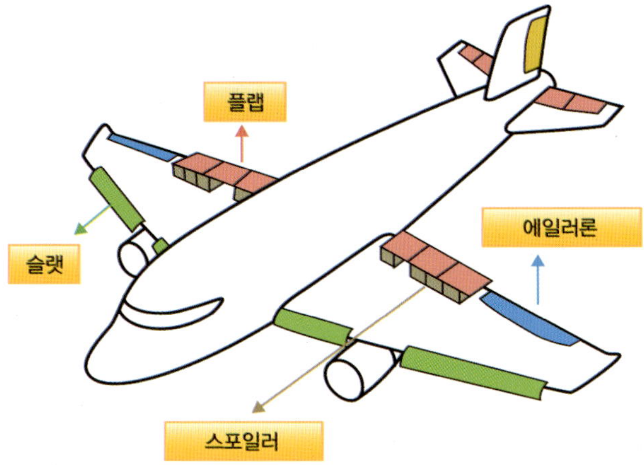

▲ 항공기 주날개의 구성

⑤ 윙렛(Winglet)

주날개 양쪽 끝에 비슷한 경사 또는 수직으로 부착된 날개이다. 비행 중 날개 끝에 생기는 공기의 소용돌이(Wing Tip Vortex)를 막아 항공기 저항을 감소시키고 항공기 부양력을 증가시켜 항공기의 성능을 향상시키는 역할을 한다.

▲ 윙렛

항공기에 작용하는 4가지 힘

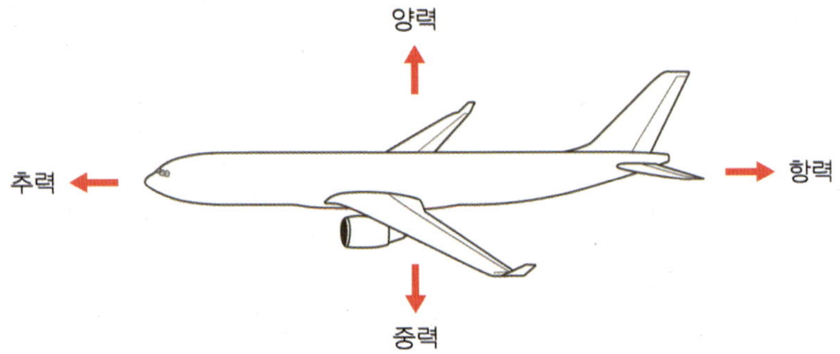

▲ 항공기에 작용하는 4가지 힘

- **양력(Lift):** 항공기가 앞으로 움직일 때 날개 윗면과 아랫면의 압력 차이에 의해 수직으로 생성되어 항공기를 위로 띄우는 힘을 말한다.
- **중력(Gravity):** 항공기와 지구가 서로 당기는 힘으로 양력보다 중력이 크다면 비행기는 뜨지 못하기 때문에 항공기가 이륙하기 위해서는 중력보다 큰 양력이 필요하다.
- **추력(Trust):** 항공기가 앞으로 나아가도록 하는 힘이다. 엔진이 항공기의 꼬리쪽으로 공기를 밀어내어 작용-반작용을 통해 항공기가 앞으로 나아가게 하는 힘을 말한다.
- **항력(Drag):** 추력과 반대되는 힘으로 앞으로 나가는 항공기에 저항하여 항공기의 뒤쪽으로 작용하는 힘을 말한다.

(3) 꼬리날개(Tail Wing)

비행기의 기수 및 방향을 조정하는 역할을 하며 수직안정판(Vertical Stabilizer)과 수평안정판(Horizontal Stabilizer)으로 구성되어 있다.

① 러더(Rudder)

러더는 항공기의 안정성과 이 · 착륙 시에 방향 조절을 담당하는 것으로 꼬리날개 수직안정판(Vertical Stabilizer)에 해당한다. 좌우로 작동하여 기체의 좌우선회를 돕는다. 방향타와 같은 기수의 좌우 운동을 요잉(Yawing)이라고 한다.

② 엘리베이터(Elevator)

엘리베이터는 항공기의 안정성과 이 · 착륙 시에 기수의 상하 조작을 담당하는 것으로 꼬리날개 수평안정판(Horizontal Stabilizer)에 해당한다. 이러한 기수의 상하 움직임을 피칭(Pitching)이라고 한다.

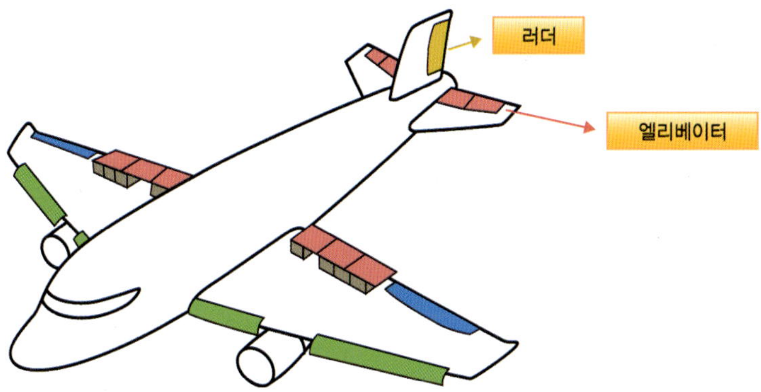

▲ 항공기 꼬리날개의 구성

롤링(Rolling)

주날개 후면부 바깥쪽에 있는 에일러론(Aileron)의 작동으로 항공기가 오른쪽으로 선회 시 오른 날개의 에일러론이 올라가고, 왼날개의 에일러론은 내려가게 된다. 아래 그림과 같이 항공기의 주날개가 상하로 움직이게 되면서 항공기가 옆으로 구르는 방향의 롤링(Rolling)을 하게 된다. 이러한 운동을 롤링(Rolling), 즉 선회운동이라고 한다.

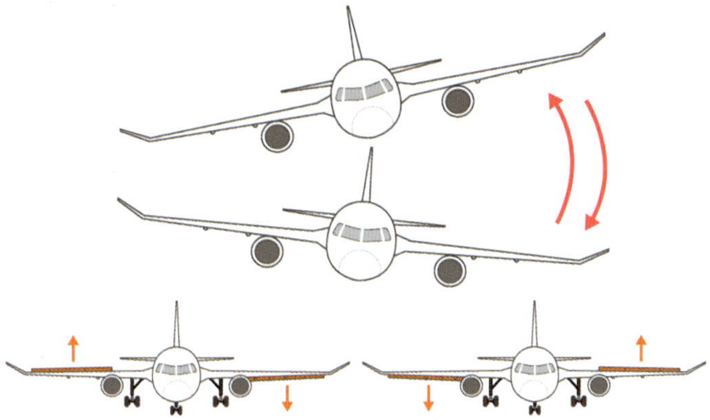

▲ 에일러론(Aileron)의 작용으로 발생하는 롤링(Rolling)

요잉(Yawing)

꼬리날개의 수직안정판 뒤쪽에 있는 러더(Rudder)가 좌, 우로 작동하면 항공기의 머리 부분이 좌우로 움직이면서 항공기가 좌우로 방향을 바꿀 수 있다. 이러한 운동을 요잉(Yawing), 즉 좌우운동이라고 한다.

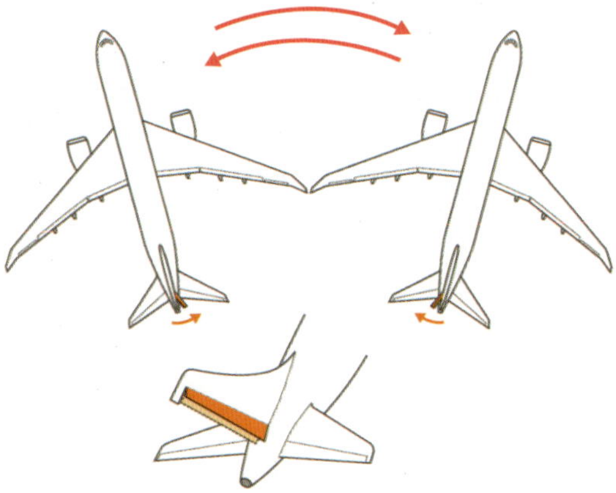

▲ 러더(Rudder)에 의해서 발생하는 요잉(Yawing)

피칭(Pitching)

꼬리날개의 수평안정판 뒤쪽에 있는 엘리베이터(Elevator)가 상하로 작동하여 항공기의 머리 부분을 위, 아래로 내려서 상승 또는 하강을 할 수 있다. 이러한 운동을 피칭(Pitching), 즉 상하운동이라고 한다.

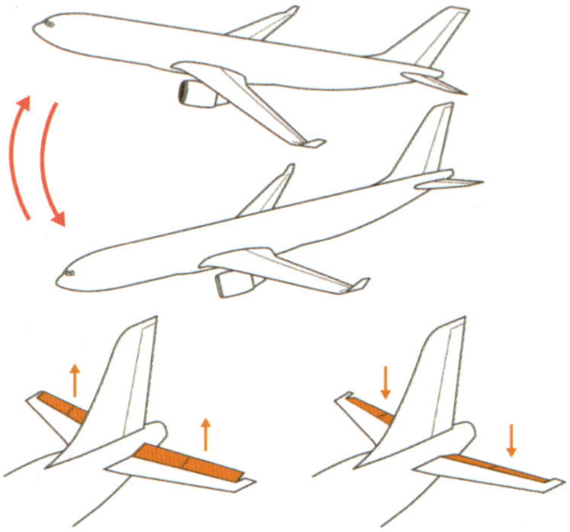

▲ 엘리베이터(Elevator)의 작용으로 발생하는 피칭(Pitching)

(4) 랜딩기어(Landing Gear)

랜딩기어는 항공기 이 · 착륙 시와 지상 이동 시 사용된다. 순항 비행 중에는 접어 두고 착륙 시 펼쳐서 사용한다.

① 노즈기어(Nose Gear)

항공기 전방에 위치한 랜딩기어를 말하며 항공기의 균형유지와 방향전환 하는 역할을 한다.

② 주 착륙장치(Main Landing Gear)

항공기 동체 중앙 하단부의 좌우 양쪽에 장착된 랜딩기어를 말하며 착륙 시 충격 흡수, 균형유지, 제동기능 역할을 한다.

▲ 항공기 랜딩기어

(5) 엔진(Engine)

엔진(Engine)은 항공기의 주 동력원으로 일반적으로 주날개에 장착되어 있다. 엔진의 수는 항공기 별로 상이하며 보통 2개 또는 4개의 엔진으로 구성되어 있고 항공기 진행방향을 기준으로 주날개 좌측부터 엔진 1번, 엔진 2번, 엔진 3번, 엔진 4번이다.

▲ 항공기 엔진

3. 항공기 객실 내부구조

1) 승객좌석(Passenger Seat)

승객좌석은 항공기 기종과 좌석 등급에 따라 좌석의 배치구조나 좌석 간 간격이 조금씩 다르다. 좌석 등급의 명칭은 항공사마다 조금씩 다르지만 크게 일등석(First Class), 비즈니스석(Business Class), 일반석(Economy Class) 등으로 나뉜다. 승객좌석의 구성요소는 다음과 같다.

승객 좌석의 구성요소

① 개인용 모니터
② Arm Rest
③ Tray Table
④ Seat Back
⑤ Seat Pocket
⑥ Seat Restraint Bar

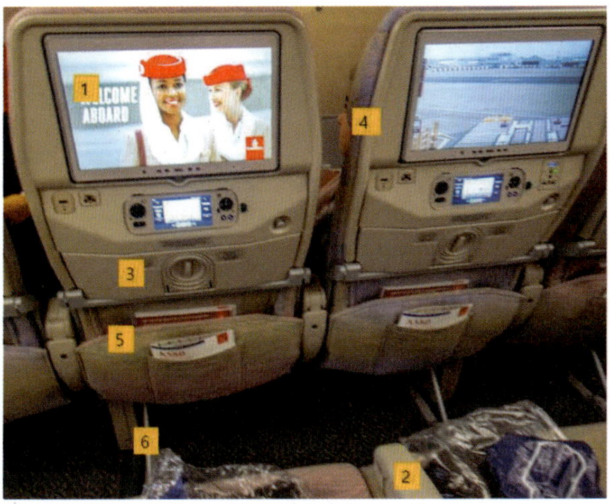

▲ 승객좌석

- **PSU(Passenger Service Unit)**: 승객이 비행 중에 이용할 수 있는 독서등, 승객호출버튼(Passenger Call Button), 공기순환장치(Air Ventilation), 좌석벨트와 금연을 알리는 Indicator 등이 탑재된 장치를 말한다. PSU 안쪽에는 산소마스크가 내장되어 있으며 감압사태 시 자동적으로 아래로 떨어지도록 설계되어 있다.
- **PCU(Passenger Control Unit)**: 좌석에 설치되어 있는 장치로 독서등 스위치(Reading Light Swich), 호출버튼(Attendant Call Button), 엔터테인먼트 등을 이용할 수 있는 버튼 등이 있다.

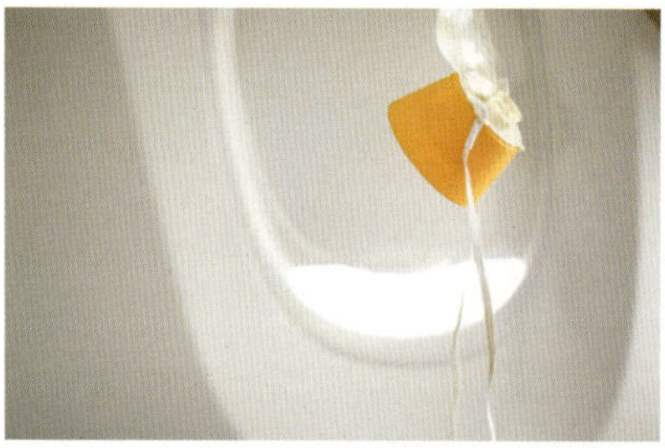

▲ 산소마스크가 내려온 모습

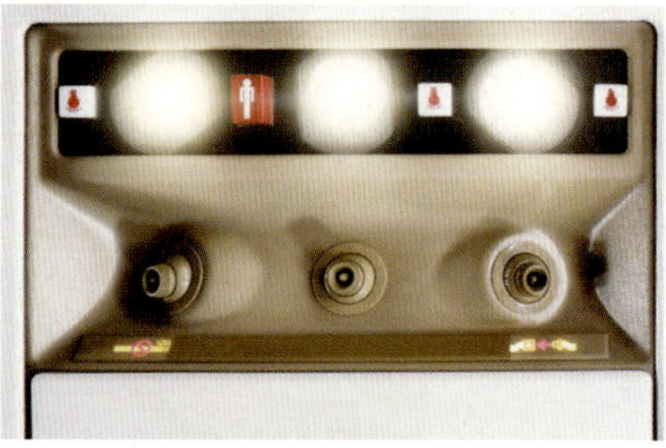

▲ PSU

▲ PCU

2) 승무원 좌석(Jump Seat)

Jump Seat는 접이식 좌석으로 앉았다가 일어서면 의자가 재빨리 접힌다고 하여 붙여진 승무원 전용좌석을 말한다. 승무원들이 이 · 착륙 시에 착석하게 되는 좌석으로 주변에는 기내방송을 할 수 있는 인터폰, Cabin Attendant Panel뿐만 아니라 소화기, 손전등, 구명복, PBE 등의 여러 가지 비상 · 보안장비가 있다. 비상사태 시 승무원의 역할 수행을 위하여 각 비상구 주변에 설치되어 있으며, 1인용, 2인용으로 나뉘고 허리벨트와 Shoulder Harness 벨트가 함께 장착되어 있다.

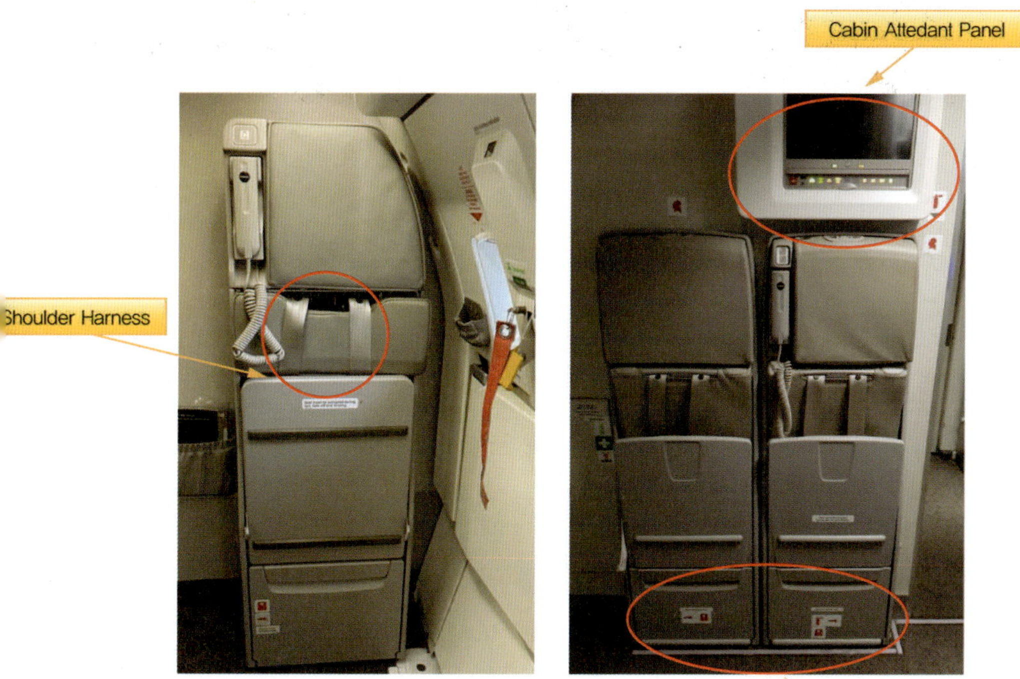

▲승무원 좌석

3) Crew Rest Room(Bunk)

장거리 비행 시 승무원이 교대로 휴식을 취할 수 있도록 만들어진 공간이며 2층 간이침대와 개별 Reading light, Interphone, 비상장비 등이 구비되어 있다. 위치는 기종에 따라 상이하며 주로 항공기 객실 후방 위층이나 중간 하단에 있다.

▲ Bunk

4) Storage Area

(1) 선반(Overhead Bin)

승객의 휴대수하물을 보관할 수 있는 공간으로 좌석 위에 설치되어 있으며 항공기의 종류에 따라 손잡이를 당겨 아래로 여는 type과 위로 열리는 type이 있다. 신기종의 경우 내부를 비추는 거울이 장착되어 있다.

▲ 아래로 여는 Overhead bin

▲ 위로 여는 Overhead bin

(2) 코트 룸(Coatroom)

Class별로 설치되어 있으며 걸어야 하는 옷가지나 Overhead Bin 및 좌석 밑에 들어가지 않는 형태의 짐을 보관하는 데 사용된다. 특히 상위클래스는 승객의 겉옷을 보관해야 하므로 청결하게 유지해야 한다.

▲ 코트 룸

(3) 잡지꽂이(Magazine Rack)

객실 벽면에 다양한 종류의 일간지, 월간지 등과 같은 읽을거리(Reading Material)를 진열해 두는 선반을 말한다.

▲ 잡지꽂이(Magazine Rack)

5) 주방(Galley)

객실승무원들이 승객들에게 제공할 음료, 기내식, 기내서비스 용품 등을 보관하고 준비하는 공간이다. 복층으로 구성된 대형항공기의 경우 Galley 내에 승강기가 있어 Cart 및 물품이동이 가능하다.

▲ Galley

(1) 기내 냉장고(Refrigerator)와 칠러(Chiller)

냉장이 필요하거나 차갑게 서비스해야 하는 음료를 보관하는 곳이다. 모든 기종에 장착되어 있지는 않으며 공간이 협소하기 때문에 서비스 사용량과 시점을 고려하여 서비스 Item을 보관한다.

갤리 내 Meal Cart와 Beverage Cart 보관 장소인 Compartment 내에는 Air Chiller 기능이 있어 스위치를 켜게 되면 차가운 바람이 나와 기내식음료를 신선하게 보관할 수 있다.

▲ 기내 냉장고

▲ 기내 냉장고 안

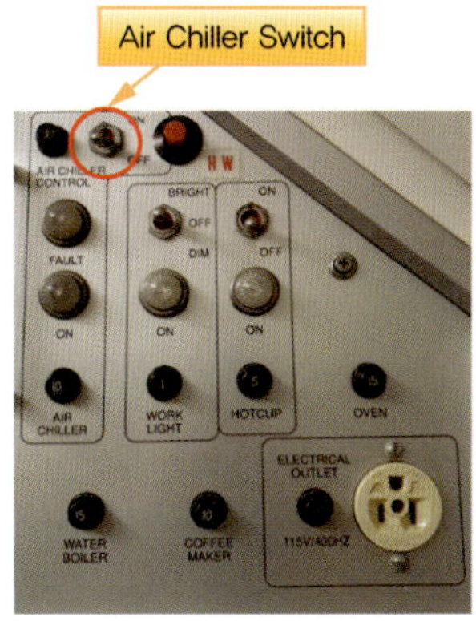

▲ Galley Control Panel

(2) Oven과 Warmer

Oven은 기내식, 햇반, 빵, Cotton Towel 등을 데우는 데 사용한다. Oven을 이용할 때에는 Heating하는 내용물이 무엇인지 확인하고 규정을 준수하여 적정한 시간과 온도로 Heating 한다.

Wamer는 주로 상위 Class에서 데운 음식이나 Towel을 보관하거나, 따뜻하게 음식을 서비스하기 위해 차이나웨어 등을 보관하는 데 사용한다.

▲ Oven

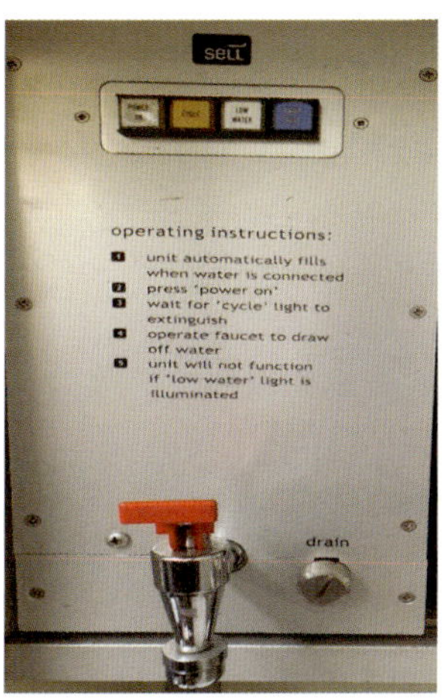

▲ 워터 보일러(Water Bolier)

(3) 워터 보일러(Water Boiler)

갤리에 설치된 워터 보일러를 이용하여 온수(Hot Water)와 냉수(Cold Water)를 공급받을 수 있다. Water Boiler 사용 시에는 꼭지를 틀어 기포 없이 물이 나올 때까지 물을 빼내는 Air Bleeding을 반드시 실시하여 사용해야 한다. 그렇게 하지 않고 뜨거운 물을 받을 경우 기포가 빠져나오는 소리가 나며, 동시에 뜨거운 물이 손에 튀어 화상을 입을 수 도 있다.

(4) Coffee Maker

Coffee Maker는 원두가루가 든 Coffee Pack을 이용해 Brewed Coffee를 얻기 위한 장비로 밑판에 전기 보온 장치가 있어 Brew된 커피를 따뜻하게 보관할 수 있다. 기종에 따라 상위 클래스 서비스용으로 에스프레소 머신이 설치되어 있다.

▲ Coffee Maker

(5) 핫 컵(Hot Cup)

갤리 내 설치된 전원장치에 꽂아 라면을 끓이거나 스프, 한식 메뉴의 국 등을 데울 때 사용한다.

(6) 배수구

갤리 내에 있는 배수구에는 찌꺼기가 없는 액체류나 물을 버릴 수 있으나 커피 찌꺼기, 알맹이가 있는 주스류, 와인의 침전물 등을 버릴 경우 고장의 원인이 될 수 있으니 주의한다.

▲ 배수구

(7) 컴파트먼트(Compartment)

기내의 서비스 용품 보관을 위해 Cart와 Carrier Box가 탑재되는 공간이다. 보통 안의 내용물이 무엇인지 Cart와 Carrier Box 외부에 스티커로 부쳐져 있어 식별할 수 있다.

▲ 컴파트먼트

▲ 쓰레기통

(8) 쓰레기통과 쓰레기 압축기(Trash Container & Trash Compactor)

갤리 내에 쓰레기통이 있으며 기종에 따라 Trash Compactor가 있는 기종도 있다. 쓰레기 압축기는 안에 쓰레기를 넣어 압축하여 부피를 줄이고 가득 찬 경우 새 Box로 교체하여 사용할 수 있다.

(9) 엘리베이터(Elevator)

A380, B747 등과 같이 Upper Deck이 있는 기종은 갤리 내의 엘리베이터를 이용하여 Liquor Cart, Meal Cart, Carrier Box 등을 운반한다.

6) 화장실(Lavatory)

항공기 내의 화장실은 세면기, 좌변기, 거울, 쓰레기통 등 설비와 비상시 객실승무원의 도움을 요청할 수 있는 Attendant Call Button, 그리고 화재예방을 위한 연기 감지기인 Smoke Detector 등이 있다.

일부 화장실은 기내 휠체어(On Board Wheelchair)의 이동이 용이하도록 화장실 문의 너비가 넓게 디자인되어 있으며 내부에는 사용을 용이하게 하기 위한 보조핸들이 설치되어 있고 공간도 넓다. 또한 유아동반 승객의 편의를 위해 기저귀교환대(Baby Diaper Panel)가 설치되어 있는 화장실도 있다.

화장실을 이용할 때에는 Indicator를 통해 화장실 사용 시점을 알 수 있다. 'OCCUPIED'라고 되어 있는 경우는 안에 승객이 있는 것이며 비어 있을 때는 'VACANT'라고 표시된다.

▲ 화장실 내부

▲ 아기 기저귀교환대

▲ Lavatory Indicator

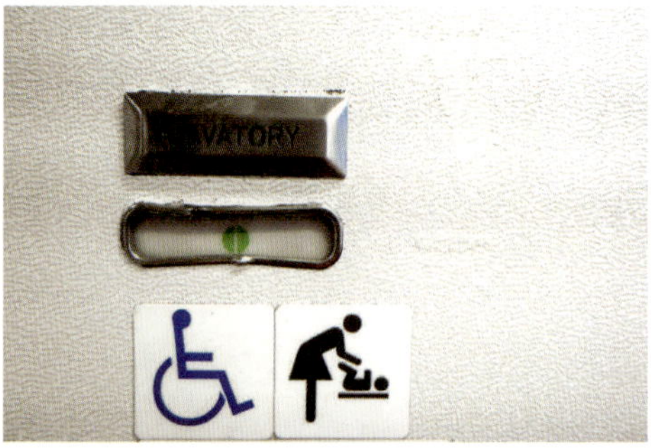

▲ 장애인용, 기저귀교환대가 있는 화장실 표시

7) 항공기 도어(Doors)

항공기 도어는 평상시에는 승객의 탑승 및 하기를 위한 출입구이며 다양한 서비스 용품 탑재와 하기용 Door(Service Door)로 사용되지만 비상시에는 항공기 탈출을 위한 비상구(Emergency Exit Door)로 이용된다.

항공기 도어는 좌우 대칭으로 있으며 승객의 탑승과 하기 시에는 기종에 따라 왼쪽 첫 번째와 두 번째 도어를 이용한다. 외부상황 파악을 위한 Viewing Window, Door Slide Mode 변경을 위한 Lever, 도어 개폐 시 손잡이인 Door Operation Handle 등이 있다.

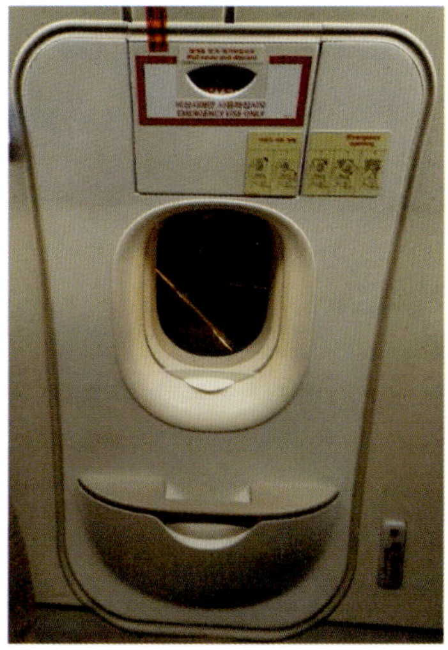

▲ Overwing Window Exit

① Side Arming Lever
② Viewing Window
③ Assist Handle
④ Door Operation Handle
⑤ Side Busttle

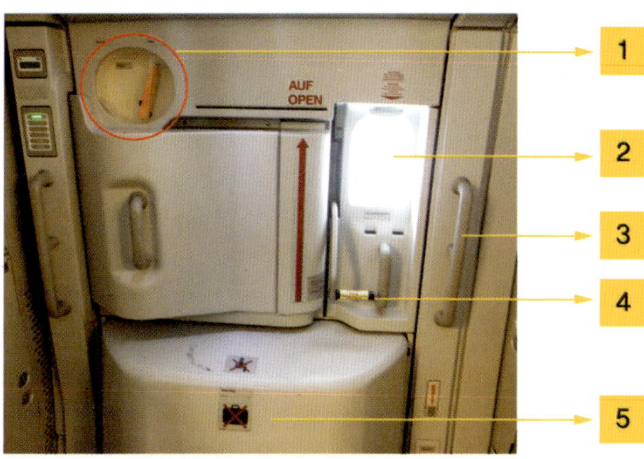

▲ 항공기 도어

8) 통신시스템(Communication & Call System)

기내에서 객실승무원 혹은 운항승무원과의 소통이 필요할 때 사용하는 장비가 기내통신시스템이다. 여기에는 비상사태 시 위험을 알리는 Evacuation Command Switch, 승무원 간의 소통 시 사용하는 Interphone, 기내 방송으로 전체 승객들에게 비행 정보를 알리는 P.A(Public Announcement), 승객이 좌석 또는 화장실에서 승무원의 도움을 요청할 때 사용하는 Attendant Call Button이 있다. Interphone과 P.A는 따로 분리되어 있지 않고 기종별로 사용 방법이 다르다.

(1) Evacuation Command Switch

비상사태 시 스위치를 누르면 조종실과 객실 전체에 경보음이 울려 위험을 알리는 시스템으로 그 위치는 Cockpit과 Cabin attendant Station에 하나씩 장착되어 있다. 경보음은 Horn Shut Off Switch를 눌러 해제할 수 있다.

(2) Interphone System

객실 내 승무원 간 의사소통을 위한 시스템으로 객실 내 모든 Jump Seat, 승무원 휴식공간인 Crew Bunk에 있으며 Handset 형태로 작동법은 기종마다 약간씩 다르다.

▲ 기내 인터폰

(3) Public Address System

P.A(Public Address)는 전체 승객들에게 비행 정보를 알리는 중요한 장치이며 작동방법은 항공기 기종 마다 약간씩 상이하다. 승객이 헤드폰을 사용하여 기내 엔터테인먼트를 이용 중이라도 P.A가 들리게 되어 있다.

▲ P.A를 이용하여 기내 방송하는 모습

(4) Attendant Call Button

승객이 승무원의 도움이 필요할 때 사용하는 버튼으로 좌석팔걸이, 좌석 위 상단, 화장실 등에 설치되어 있다. 승객이 버튼을 누르면 Station Master Display에 청색 Light가 켜지며 Chime이 울린다. 또한 승객 좌석 위에도 청색 Light가 켜지며 도움을 청한 승객의 위치를 알 수 있다. 화장실의 경우에는 Station Master Display에 Amber Light가 켜지며 Chime이 울린다.

▲ Attendant Call Button

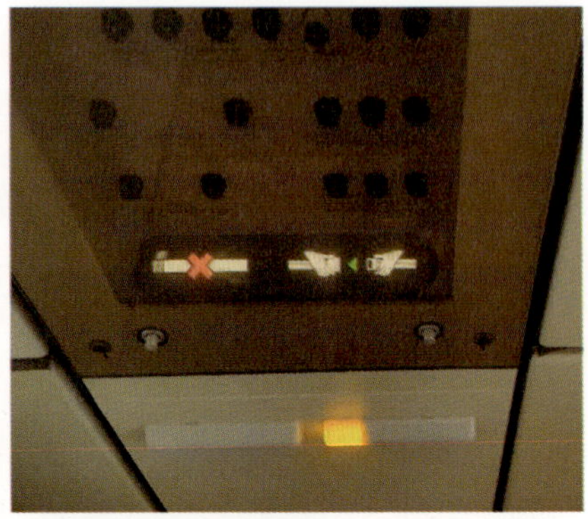

▲ 화장실 Amber Light

9) 칸막이벽(Bulkhead)

객실 내에 있는 격벽을 말하며 벌크헤드를 이용하여 아기 요람 등을 설치할 수 있다.

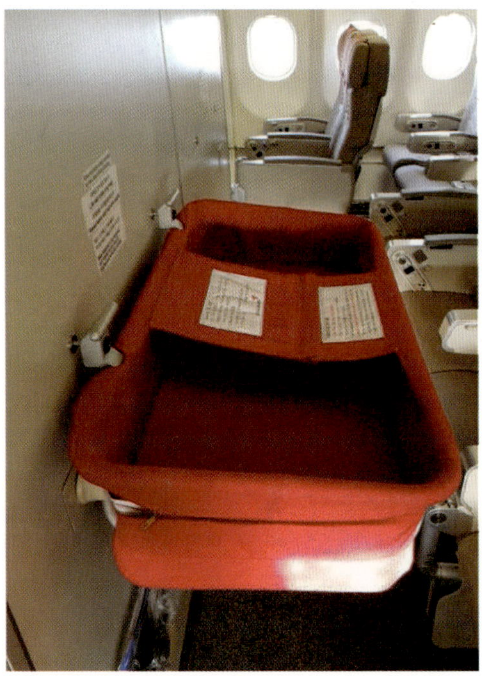

▲ 벌크헤드와 아기 요람

4. 항공기 비상 · 보안 장비

1) 화재 진압 장비

(1) H_2O소화기

의류, 종이 등에서 발생하는 일반적인 화재 즉, Class A화재를 진압하기 위해 사용하며 Seal 상태와 정위치를 확인한다. 사용시간은 약 40초이다.

▲ H_2O 소화기

(2) Halon 소화기

모든 종류의 화재를 진압하기 위해 사용하며 Seal 상태, 게이지, 정위치를 확인한다. 사용시간은 약 10~15초이다.

▲ Halon 소화기

(3) 열 감지형 소화기

Lavatory 휴지통 내부의 화재를 자동 진화하기 위해 Lavatory 세면대 하단에 소형의 열감지형 자동 소화기(Fire Extinguisher)가 장착되어 있다. 열 감지 센서에 의해 온도가 약 섭씨 80도(170°F) 이상일 때 휴지통을 향해 자동 분사된다.

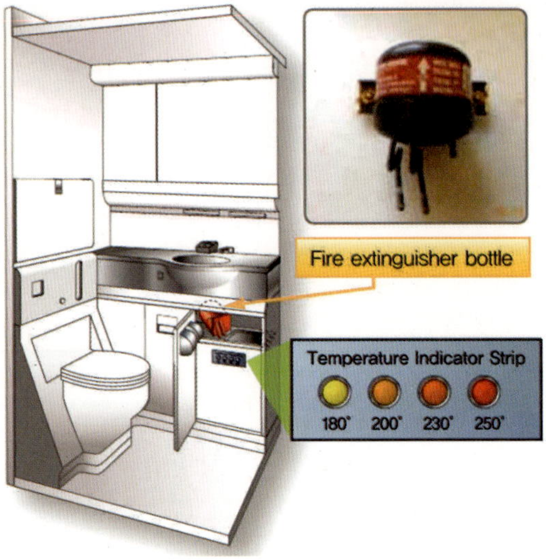

▲ 열 감지형 소화기

(4) Smoke Detector

항공기의 전 Lavatory Ceiling에 장착되어 있으며 Lavatory에서 발생하는 연기를 감지하여 정보 신호를 발신함으로써 화재 발생사실을 조기에 감지하게 하는 장치이다. 연기 감지기가 정상적으로 작동 시에는 Power Indicator에 녹색(Green) 불이 켜져 있으며, 연기를 감지하면 경고음이 자동으로 울리고 Alarm Indicator에 빨간색 불이 들어온다. 경고 발신음을 Reset하기 위해서는 Interrupt Switch를 누른다.

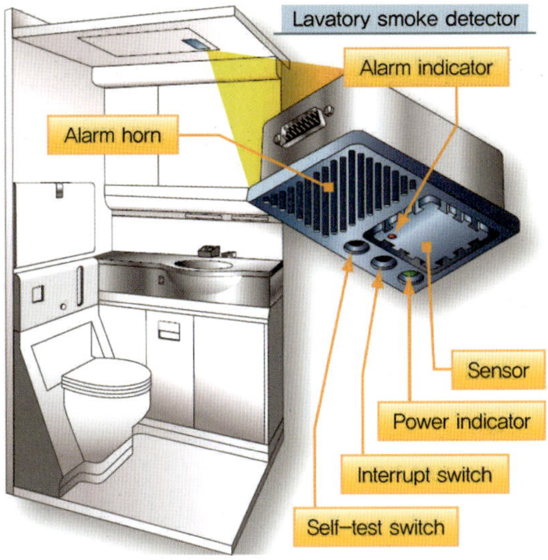

▲ Smoke Detector

(5) P.B.E(Protective Breathing Equipment)

기내 화재 진압 시 연기 및 유독성 가스로부터 호흡 및 안면을 보호하고 시야를 확보하기 위해 사용한다. 포장 비닐의 진공상태와 정위치를 확인한다. 약 15분간 산소 사용이 가능하다.

▲ P.B.E

(6) 손도끼

객실 구조물 내부에서 화재가 발생했을 경우 화재진압에 방해가 되는 장애물을 제거하기 위해 사용하는 도구로 조종실 내에 탑재되어 있다.

(7) 석면장갑

화재 진압 시 뜨거운 물체를 집어야 하는 경우 손을 보호하기 위해 사용한다.

(8) 회로 자동차단기Circuit Breaker

Galley 내 Panel에 장착되어 있으며 Oven, Coffee Maker 등과 같은 전기 설비의 전기 과부화 현상으로 인한 화재를 사전에 방지하기 위하여 전원을 차단하는 장치이다. 전기과부화가 된 경우 검은색 버튼이 자동으로 튀어나오며, 화재 시나 필요 시 해당 설비의 회로 자동차단기(Circuit Breaker)를 잡아당기면 전원공급이 차단된다. Galley 점검 시 위치를 확인한다.

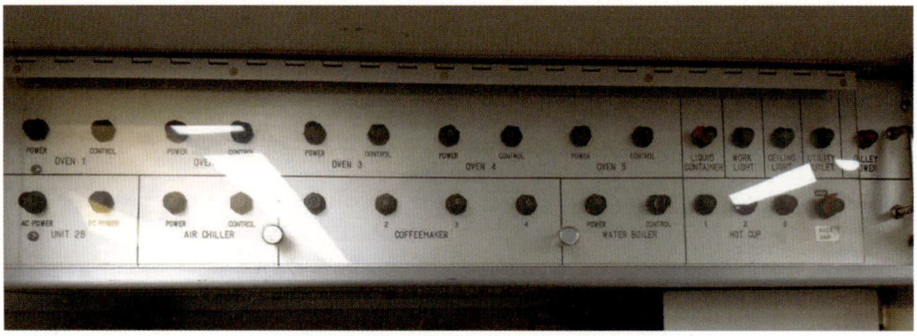

▲ 회로 자동차단기(Circuit Breaker)

(9) Emergency Power Off Switch

Galley 내 화재 발생 시 Emergency Power Off Switch를 Off하면 해당 Galley의 모든 전기설비의 전원이 차단된다. A380, B747, B777 등 일부 항공기에 설치되어 있다. Galley 점검 시 위치를 확인한다.

▲ Emergency Power Off Switch

2) 응급 의료 장비

(1) First Aid Kit(FAK)

비행 중 승객의 사고 및 질병 발생 시 사용하기 위해 기내에 탑재되는 의약품이다. 승객좌석 수에 따라 탑재되어야 하는 개수가 정해져 있으므로 담당승무원은 First Aid Kit의 밀봉상태(납땜)와 정위치를 확인해야 한다. 점검 시 개봉된 것은 유효하지 않은 것으로 간주되므로 새것을 교체 후 출발해야 한다.

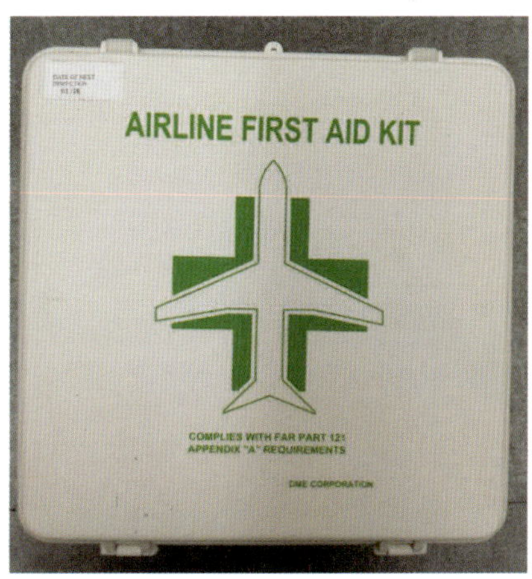

▲ First Aid Kit

(2) Emergency Medical Kit(EMK)

환자 발생 시 기내 탑승한 전문 의료인만이 사용할 수 있는 의료장비이며, 승무원은 내용물을 사용할 수 없다. 251석 이상의 항공기에 Emergency Medical Kit이 탑재되고 있으며 정해진 위치와 밀봉 상태를 확인해야 한다.

▶ EMK의 내용물

의료장비	의약품
• 외과용 소독장갑 • 혈압계와 청진기 • 지혈용 붕대 • 일회용 주사기와 메스 • 소독가위와 봉합용소독장비	• 심혈관 확장제 • 진통제와 이뇨제 • 항알러지제와 안정제 • 주사용 기관지 확장제 • 스테로이드제와 자궁수축제

(3) Resuscitator Bag

구조호흡 실시 시 사용하는 보조 기구로서 EMK 외부에 부착되어 있다. 환자의 호흡을 유도하고, 산소를 추가적으로 공급하기 위한 인공호흡용 Bag Valve Mask, 환자의 활력징후를 측정하기 위해 사용하는 혈압계, 체온계, 청진기, 얼음주머니, 압박붕대 등이 들어 있다. EMK 확인 시 탑재유무를 확인한다.

(4) Automated External Defibrillator(AED, 심실자동제세동기)

비행 중 갑작스런 심장기능 이상으로 의식, 호흡, 맥박이 없는 심장마비환자에게 순간적으로 고압 전기적 충격을 가해 심장 조직이 다시 활동할 수 있도록 하는 장치이다. 정위치, 유효기간, 배터리 충전 상태를 확인해야 하며 상태 표시 창을 통해 그린라이트가 보이면 충전된 것이다.

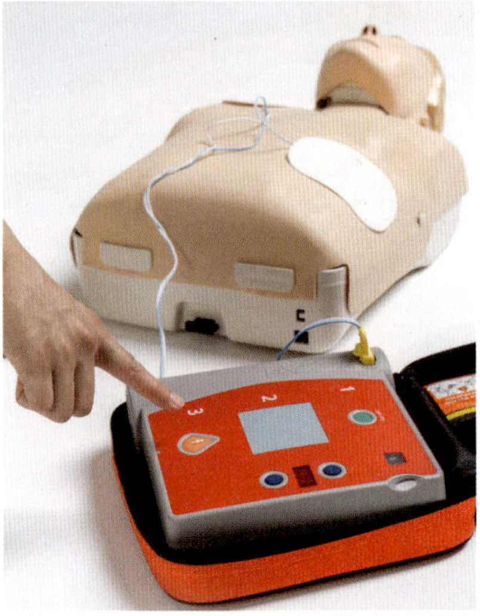

▲ AED

(5) Portable Oxygen Bottle(PO_2Bottle)

휴대용 산소통으로 항공기 감압으로 인한 비상 사태 및 응급처지를 목적으로 승객에게 산소를 공급하기 위해 탑재된다. 산소마스크가 연결된 상태로 Jump Seat 하단과 벙크(Bunk)에 탑재되어 있다. 압력게이지 이상 유무와 정위치에 탑재되어 있는지 확인한다.

▲ PO_2Bottle

(6) Pocket Mask, Glove, 체온계 탑재함

Pocket Mask, Glove는 응급환자를 위해 구조호흡 시 객실승무원의 감염방지를 위하여 탑재된 것으로 1회용이다. 어른의 경우에는 Mask의 뾰족한 부분이 위로 오게 착용시키고, 얼굴이 작은 유아는 반대로 착용시켜 최대한 얼굴에 밀착되도록 하여 구조호흡을 한다. 체온계는 디지털 방식으로 일회용 캡을 사용하여 귀에 꽂아 온도를 잰다.

(7) 기내용 휠체어(On Board Wheelchair)

기내 복도와 화장실 출입이 가능한 크기의 접이식 휠체어로, 보행이 어려운 승객이나 장애 승객이 이용할 수 있으며 탑재위치의 보관 유무를 확인해야 한다.

3) 객실 안전장비

(1) Seatbelt Extension

승객의 신체 조건에 의해 승객 좌석벨트만으로 신체의 고정이 불가능한 경우 Seatbelt 길이를 연장하기 위해 사용한다. 승객좌석의 Seatbelt와 연결해서 사용하고 유/소아 안전의자나 좌석 예약 휴대화물을 좌석에 고정할 때도 사용한다.

(2) 안전 끈(Safety Strap)

Door 개방 시 Door 내부를 가로지르는 끈으로, Door를 개방한 상태로 지상 조업을 하는 동안 지상 직원과 승무원의 낙상사고를 막기 위한 안전장비이다.

▲ Safety Strap

4) 객실 보안장비

항공기 안전운항에 위해가 되는 난폭 승객 처리 및 항공기 Hijacking에 대응하기 위한 장비로 다음과 같은 종류 외에 타이랩(Tie Wrap), 포승줄, 방폭담요, 방탄조끼 탑재유무와 보관위치를 확인한다.

(1) 테이저(Taser)

비살상 전기충격기로, 담당승무원이 기내 무기함 내에 보관된 카트리지 및 테이저의 보관여부와 개수를 확인한다.

(2) 비상벨

Galley와 Jump Seat 주변에 있는 비상벨의 위치를 확인한다.

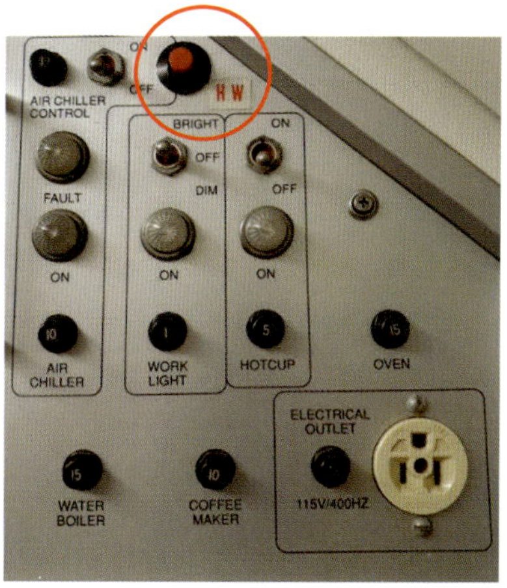

▲ Galley내 비상벨

(3) 조종실 도어

항공기 조종실 도어는 조종실 안에서 출입문 근처를 볼 수 있는 조망경이 설치되어 있으며 방탄문으로 되어 있다. 조종실은 규정에 의한 조종실 출입절차를 통해 출입할 수 있으며 출입문에 비밀번호를 입력해야 출입이 가능하도록 Pad Lock 잠금장치가 장착되어 있다.

5) 비상탈출 및 착수장비

(1) Emergency Locator Transmitter(ELT)

비상탈출 후 구조를 요청하기 위한 장비이다. 해상과 육상에서 모두 사용 가능하며 비상주파수로 전파를 발생시켜 조난 위치를 알려 주는 송신기로 정위치의 탑재 여부를 확인한다.

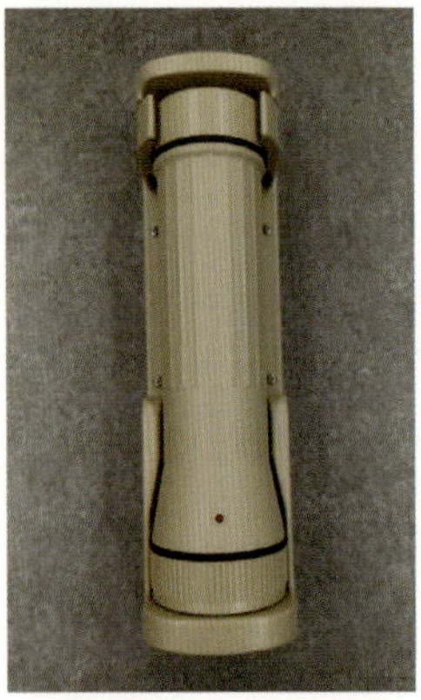

▲ 손전등

(2) 손전등(Flash Light)

비상 시 승객 탈출을 유도하고 조난신호를 보내며 야간에 시야를 확보하기 위한 용도로 사용한다. 2~3초 간격으로 붉은색 불이 깜박이면 충전이 된 것이다. 거치대에서 탈착하는 순간 자동으로 Light가 켜지도록 되어 있으며 점검 시 불의 깜박임과 장착 유무를 확인한다. 승무원 좌석에 비치되어 있다.

(3) Megaphone

비상탈출 시 승객에게 정보를 제공하거나 탈출 지휘를 위해 사용한다. 정위치 탑재 및 작동버튼을 눌러 소리가 나는지 확인한다.

▲ Megaphone

(4) 구명복(Life Vest)

비상착수 시 익사방지와 체온저하를 막아 몸을 안전하게 보호해 주는 중요한 장비이다. 승무원들은 구명복의 위치와 사용법에 대하여 이륙 전 Demonstration Video 또는 시범을 통해 승객에게 설명해야 한다.

▲ 구명복

(5) 탈출 장비(Escape Device)

비상시 신속하게 탈출하는 데 사용하는 Escape Device에는 Slide, Slide Raft, Life Raft가 있다.

① Slide는 비상착륙 시 탈출 미끄럼으로 사용되며, 비상착수 시에는 부유물로 사용할 수 있다.

② Slide Raft는 비상착륙 시 탈출 미끄럼으로 사용되며, 착수 시 구명보트로 사용된다.

③ Life Raft는 Slide Raft가 장착되어 있지 않은 비행기가 장거리 해상비행을 하는 경우 기내에 추가적으로 탑재되며 비상착수 시 구명보트로 사용된다.

▲ Slide Raft

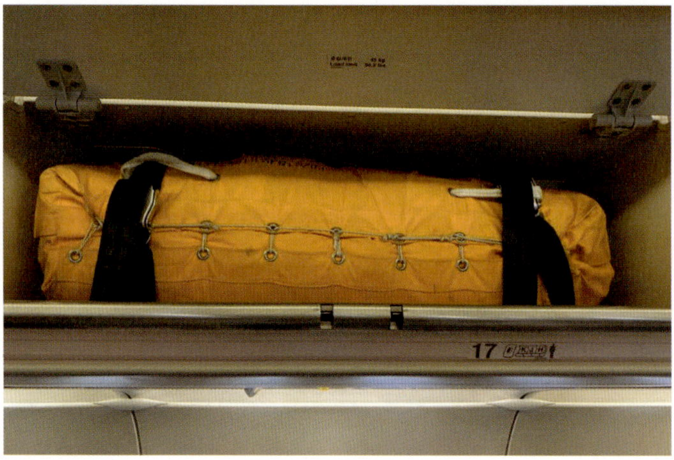

▲ Life Raft

Worksheet

1. 항공기를 용도에 따라 분류하고 설명해 보세요.

2. 항공기는 크기에 따라 Wide Body와 Narrow Body로 구별되는데, 그 기준은 무엇인지 설명해 보세요.

3. 항공기 외부 구성요소를 크게 구분해 설명해 보세요.

4. 윙렛(Winglet)은 항공기 어느 부분에 장착되어 있으며 그 기능은 무엇인지 설명해 보세요.

5. 기내에 구비된 화재 진압 장비의 종류를 설명해 보세요.

6. 기내에 구비된 응급의료장비의 종류를 설명해 보세요.

7. 기내 보안장비 중 비상벨은 어디에 있는지 설명해 보세요.

8. 비상탈출 장비 중 ELT는 무엇인지 설명해 보세요.

Chapter

04

기내서비스의 종류

학습목표

1. 기내서비스의 특징을 이해할 수 있다.
2. 기내 물적 서비스를 이해할 수 있다.
3. 기내 인적 서비스를 이해할 수 있다.
4. 기내 서비스 용품의 종류와 용도를 이해할 수 있다.

Chapter 04

기내서비스의 종류

1. 기내서비스의 이해

1) 기내서비스의 개념

기내서비스는 넓은 의미에서 승객들이 탑승하기 이전부터 기내 시설물이나 각종 용품의 설치 및 탑재와 관련된 다양한 준비 과정업무를 포함하지만, 좁은 의미의 기내서비스는 객실승무원이 승객들에게 항공기에 탑승하는 시점부터 목적지에 안전하게 내리는 시점까지 기내에서 제공하는 서비스로 정의할 수 있다.

항공 산업의 발전과 생활수준이 높아짐에 따라 항공여행 수요는 점점 증가하고 있다. 이와 함께 승객들의 니즈와 욕구가 다양화되면서 기대수준도 높아지고 있기 때문에 항공사에서는 차별화된 기내서비스 향상을 위해 다양한 노력을 하고 있다.

2) 기내서비스의 특성

기내서비스의 특징은 기내라는 제한된 공간, 각 노선별 한정된 비행시간 및 다양한 고객층에게 원활한 서비스를 진행해야 하며 서비스 물품은 비행 중 교체하거나 보충할 수 없다는 제한점이 있다. 따라서 기내서비스는 철저한 사전준비와 전문성을 갖춘 승무들의 업무수행능력 및 팀워크로 완성될 수 있다. 또한 기내에서 응급환자 발생, 비상사태 등 예기치 못한 상황이 발생할 수 있기 때문에 안전을 책임지는 승무원들은 신속하고 정확한 상황판단능력과 대응절차를 숙지하여야 한다.

2. 기내서비스의 구성요소

기내서비스는 비행 중 기내에서 승객이 보다 안전하고 편리한 여행을 할 수 있도록 승객의 다양한 니즈를 만족시키기 위한 물적 서비스와 인적 서비스로 구분되며 항공운송서비스의 마지막 단계라고 할 수 있다.

기내서비스는 승객과 가장 많은 접점시간을 가지기 때문에 지상에서의 서비스가 미흡했더라도 객실승무원의 서비스 정도에 따라 항공사에 대한 승객의 평가는 오히려 우호적으로 바뀔 수 있다. 따라서 항공사의 기내서비스는 승객들의 다양한 니즈와 욕구에 맞는 물적 서비스와 친절하고 세심한 인적 서비스가 함께 제공되었을 때 승객들의 만족도가 높아지게 된다.

1) 물적 서비스

물적 서비스란 객실 내에서 필요로 하는 각종 시설물과 Service Item을 기내에 장착하거나 탑재하여 승객에게 편의를 제공하는 서비스를 말한다. 물적 서비스는 기내 식음료서비스, 기내영화상영, 기내음악, 독서물, Boarding Music, Air Show, 게임서비스, 기내 전화 서비스, 노트북 전용 콘센트 서비스 등을 들 수 있다. 최근 항공사들은 차별화된 물적 서비스로 경쟁력을 높이기 위하여 신기종 도입, 기내환경 개선 등 다양한 노력을 하고 있다.

(1) 기내 인테리어

세계 대부분의 항공사는 미국의 Boeing과 유럽의 컨소시엄 회사인 Airbus에서 제작한 항공기를 도입하여 운항하고 있다. Boeing사는 '보잉 스카이 인테리어'를 B787, B737, B747-8i 항공기에 적용하고 있으며 Airbus사는 '에어스페이스 바이 에어버스 인테리어'를 A350에 적용하고 있다. 승객편의와 쾌적하고 안락한 기내환경을 향상시키기 위해 더 커진 창문, 넓은 Overhead Bin, 넓은 좌석 공간, 다양한 조명, 기내 소음 감소 환경 등 현대적으로 디자인한 인테리어로 승객에게 편안한 기내환경을 제공한다.

국내 대형항공사가 보유하고 있는 B777 기종은 이산화탄소배출량이 기존의 항공기보다 약 20% 이상 줄었으며 넓어진 객실 공간과 다양한 색상의 LED 조명을 이용하여 더욱 아늑한 기내 분위기 연출이 가능하다. B787 기종은 50% 이상의 탄소 복합 소재로 항공기 동체를 제작하여 무게를 줄이고 연료효율을 높였다. 친환경적이며 더 넓어진 창문과 개인 공간으로 승객들에게 편안한 여행을 제공하고 있다. A350-900 기종 역시 넓은 좌석, 다양한 조명, 최소화한 소음으로 쾌적하고 편안한 항공여행을 제공한다.

이처럼 항공사들은 넓고 편안한 좌석, 샤워실, 바(Bar), 조명 등 승객들의 다양한 욕구를 충족시킬 수 있는 시설들을 갖춘 최신 항공기를 도입해 치열해지고 있는 항공 산업에서 서비스 차별화를 꾀하고 있다.

① 기내 좌석

항공기의 좌석은 승객이 비행 중 대부분의 시간을 보내는 곳이기 때문에 기내서비스의 핵심요소라고 할 수 있다. 최근 항공사들은 보다 다양한 기능을 갖춘 좌석을 도입해 서비스의 차별화를 하고 있다. 하지만 최근에는 수익률 제고를 위하여 일등석을 점차 없애는 분위기이며 이등석과 일반석의 좌석간격을 기존보다 넓히고 좌석 시설에 대한 편리성에 더욱 치중하며 편안하고 즐거운 항공여행을 제공하고 있다.

▲ 대한항공 A380-800 코스모 스위트

출처: 대한항공 홈페이지.

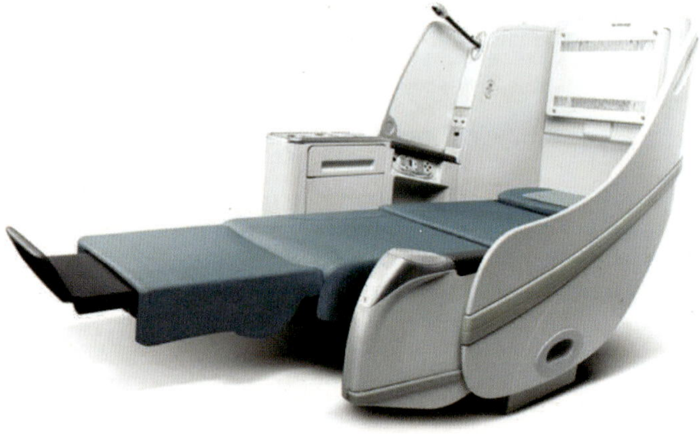

▲ 대한항공 A380-800 프레스티지 슬리퍼

출처: 대한항공 홈페이지.

▲ 대한항공 A380-380 뉴 이코노미

출처: 대한항공 홈페이지.

프리미엄 서비스를 위한 기내 시설

에미레이트 항공의 A380 퍼스트 클래스에서는 4만 피트 상공에서 기내 샤워 스파를 이용할 수 있다.

▲ 샤워실을 갖춘 화장실

출처: 에미레이트 항공 홈페이지.

에미레이트 항공의 A380 퍼스트 클래스에서는 기내라운지를 운영하고 있어 전담 바텐더가 서빙하는 다양한 고급음료를 비롯하여 카나페를 즐길 수 있다.

▲ A380 기내라운지

출처: 에미레이트 항공 홈페이지.

(2) 기내식음료 서비스

기내식음료는 항공사 기내서비스의 주된 부분으로 항공사에서는 물적 서비스의 차별화 및 고급화로 경쟁력을 갖추고자 노력하고 있다.

기내식은 항공사별로 차이가 있으며 식사메뉴를 정기적으로 교체하고 있고, 기호, 종교, 건강, 연령상의 이유로 일반식을 섭취하기 어려운 승객들에게 특별식(Special Meal)이 제공된다.

최근 항공사에서는 차별화된 식음료 서비스를 제공하기 위해 상위 Class에서는 전통한정식을 고급화하여 정찬서비스를 하고 있으며, 고급스런 기내 식기, 최상급 와인, 친환경 커피 등을 서비스하며 식음료의 고급화에 노력하고 있다. 일반석에서도 비빔밥, 쌈밥, 곤드레밥, 낙지덮밥 등 다양한 한식을 기본으로 양식, 일식, 중식 등의 메뉴도 제공하고 있다. 또한 최근 건강을 우선시하는 변화에 맞추어 웰빙(Well-Bing) 식재료 메뉴, 저염식 · 과일식 · 저열량 기내식 등을 선보이며 승객들의 니즈에 대응하면서 항공사 서비스품질을 높이는 데 노력하고 있다.

▲ 일등석 한식 서비스

출처: 대한항공 홈페이지.

▲ 일반석 기내식 서비스

(3) 기내 엔터테인먼트 서비스

기내 엔터테인먼트 서비스란 다양한 영화, 단편물, 음악, 오락기기 프로그램, Airshow 등을 제공하는 것을 말한다.

최근 항공기의 대형화·고급화 추세에 맞춰 기내와이파이를 무료 또는 유료로 제공하는 항공사가 점차 늘어나고 있으며 전 Class좌석에 개인용 모니터를 설치하고 다양한 엔터테인먼트 서비스를 제공하고 있다. 항공기 기종 및 Class에 따라 Monitor의 크기와 위치는 차이가 있으며 승객은 Main Screen, IVS, AVOD 등 다양한 시스템의 형태로 기내 엔터테인먼트 서비스를 이용할 수 있다.

Main Screen은 각 Zone별 Bulkhead 벽면에 프로젝트에 의해 투사되어 상영되는 것으로 Overhead Screen이라고도 하며 기내서비스 절차에 따라 정해진 시간대에 노선별로 일정 프로그램을 상영한다.

IVS(Individual Video System)는 Main Screen과 같이 Tape를 플레이시키는 방식으로 운영되며 승객 좌석에 부착된 개별 모니터로 영화, 단편물, 음악 등을 승객이 선택하여 이용할 수 있다.

AVOD(Audio Video On Demand)는 컴퓨터 파일을 이용하는 방식으로 영화, 음악, 게임 등의 다양한 콘텐츠로 구성되어 있으며 승객은 원하는 시간대에 원하는 콘텐츠를 볼 수 있다.

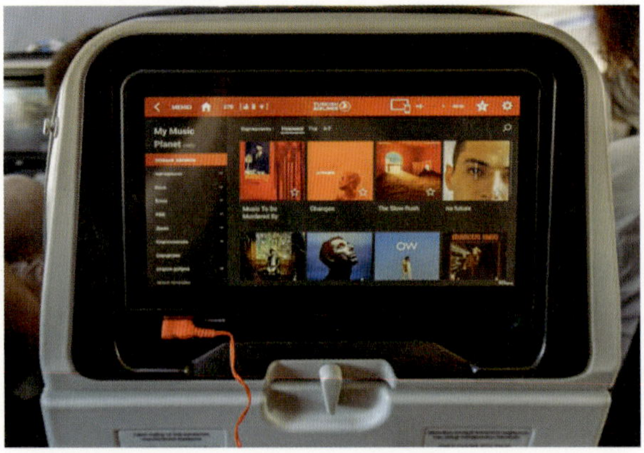

▲ 개인용 모니터

① 기내영화 및 단편물

항공사들은 기내영화 서비스를 시행하고 있으며 다양한 국적의 승객이 탑승을 하기 때문에 노선에 따라 한국어, 영어, 일본어, 중국어, 불어 등 다양한 언어로 더빙하고 자막으로 처리하여 영화를 제공하고 있다. 국내항공사의 경우 국가별로 한국영화, Hollywood 영화, 유럽영화, 중국 및 일본 영화를, 장르별로는 클래식 영화, 가족 영화, 어린이 영화를 제공한다. 단편물은 국내에서 인기 있는 프로그램, 뉴스, 어린이를 위한 단편 만화 등을 제공하고 있다.

▲ 기내영화

② 음악

기내음악은 채널식, AOD, Boarding Music이 있다. Boarding Music은 승객 탑승과 하기 시에 접할 수 있는 음악으로 항공사마다 분위기에 맞는 곡을 선곡하여 사용한다. 채널 Music은 팝, 클래식, 가요, 동요 등 다양한 장르를 제공하며 AOD Music은 AOD 장착 기종에서 서비스되며 승객이 원하는 곡을 My Music에 담아 이용할 수 있다.

③ Air Show

Main Screen이나 개인용 모니터를 통해 해당 비행 편의 운항지역에 대한 현재 비행고도, 비행속도, 외부 온도, 맞바람 세기, 도착 예정시간, 출발지 현재시간, 목적지 현재시간 등을 그림이나 문자로 제공한다.

▲ Air Show

④ 독서물

기내에서 다양한 종류의 신문, 월간지, 주간지 등을 제공하고 있으며 일부 항공사에서는 Audio Book 서비스를 제공하고 있다. 좌석 앞주머니에는 항공사 기내지, 엔터테인먼트 소개 책자, 면세품 안내책자, Safety Instruction Card 등이 준비되어 있다.

(4) 기내 면세품

국제선 항공편을 이용하는 승객들의 편의를 위해 선호도가 높은 화장품, 술, 향수, 액세서리, 전자제품 등을 엄선하여 면세가격으로 판매한다. 기내 면세품 판매는 승객에게 편의를 제공함과 동시에 항공사의 수익을 높이는 데 일익을 담당하고 있다. 구매를 원하는 승객은 기내에서 좌석 앞주머니 속의 면세품 안내책자를 보고 주문할 수 있고, 탑승할 비행 편수에 기내 면세품 예약 주문 제도를 통해 구입할 수 있다. 우리나라 면세허용량은 1리터 이하의 주류 1병, 담배 200개비, 향수 60ml이며 나라마다 면세허용량이 다르기 때문에 승무원은 목적지 국가에 대한 면세허용 범위를 숙지하여 승객들에게 정확한 안내를 하도록 한다.

▲ 대한항공 A380 기내면세점

출처: 대한항공 홈페이지.

(5) 기내 이색 Entertainment 서비스

기내 이색 서비스는 항공사별로 내용이 다양하며 마케팅의 일환으로 홍보효과도 크다. 미국의 사우스웨스트항공은 기내방송을 랩으로 하기도 하고, 즉흥적으로 승객들을 유도하는 노래자랑 같은 이벤트를 하면서 이슈화가 되었다. 이러한 내용을 벤치마킹하여 현재 우리나라 항공사들도 다양한 기내 이색 서비스를 제공하고 있다. 이러한 서비스는 항공사의 상황에 따라 매달 운영되는 노선이 다르다. 전 노선 매일 서비스되는 것이 아니라 특정일 특정 노선에 서비스를 제공하며 승객에게 색다른 항공여행의 즐거움을 선사하고 있다.

아시아나항공의 기내 특별서비스

매직서비스, 차일드 서비스, 오즈러브레터, 승무원 체험, 딜라이터스, 스페셜티, 칵테일 서비스 등 다양한 기내 특별서비스를 제공하고 있다.

매직서비스

소믈리에

오즈러브레터

일러스트

차밍 서비스

초크아트

타로

딜라이터스

바리스타

승무원 체험

온 보드 크루 쉐프

전통문화 (ASIANA ORIENTAL ART SVC TEAM)

차일드 서비스

칵테일 서비스

포토제닉

사회공헌 (사랑의 모자 뜨기)

▲ 아시아나항공의 특별서비스

출처: 아시아나항공 홈페이지.

에어부산의 기내 감동 서비스

에어부산은 매직 서비스, Blue Beauty 서비스, 블루 하모니 서비스, 캘리그라피 서비스, 타로 서비스 등 다양한 기내 감동 서비스를 제공하고 있다.

▲ 에어부산 기내 감동 서비스
출처: 에어부산 홈페이지.

제주항공의 기내 FUN서비스

제주항공은 하늘라디오, 게임이벤트, 풍선아트, 캐리커쳐, 캘리그라피, 타로카드 등 JJ 펀서비스팀 승무원들이 기내에서 잊지 못할 이벤트를 고객들에게 선물해 드리고 있다.

▲ 제주항공 기내 FUN서비스
출처: 제주항공 홈페이지.

(6) 출입국 서류 서비스

객실승무원들은 승객들에게 출입국서류를 서비스해야 한다. 각 나라별 출입국 서류작성법이 다르기 때문에 승무원들은 승객들에게 정확한 서류작성법을 제공하고 착륙 전 다시 한 번 서류작성여부를 확인해야 한다.

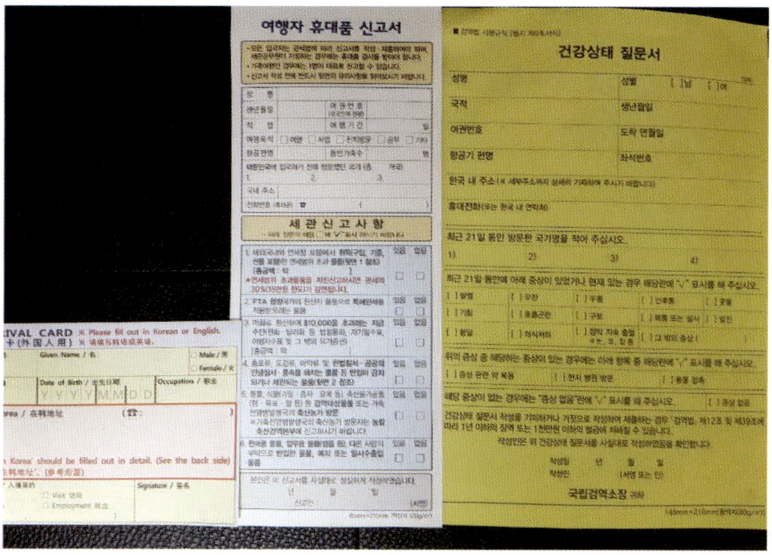

▲ 출입국 서류

(7) Special Care 서비스

항공기에 탑승하는 승객은 일반승객뿐만 아니라 노약자, 임산부, 유아 동반 승객, 환자, 혼자 여행하는 어린이 등 특별한 도움이 필요한 승객들도 탑승하고 있으며 각 항공사들은 세심하고 친절한 서비스를 위해 Special Care 서비스를 하고 있다.

Special Care 서비스는 기내에서 뿐만 아니라 예약, 발권, 운송 등 항공사 전 분야가 연계되어야 최상의 서비스를 제공할 수 있기 때문에 해당 직원과 담당승무원은 서비스 내용을 정확히 숙지하여 제공해야 한다.

한가족 서비스: 대한항공 사례

한가족 서비스는 장거리 해외여행이 익숙하지 않은 승객이 더 편안하게 여행할 수 있도록 돕는 대한항공의 안내 서비스이며, 보호자 없이 여행하는 만 70세 이상 승객, 만 7세 미만의 유/소아 2명 이상을 동반한 1인 승객이 신청할 수 있다. 신청은 서비스센터, 발권지점, 여행사에서 신청할 수 있다. 그러나 국제선을 이용하는 한국인 고객만을 대상으로 하고 있으며, 공동운항편(Code Share)을 이용하는 고객에게는 제공되지 않는다.

휠체어 서비스

장애, 질병, 고령 등 신체적, 건강상의 이유로 거동이 불편한 승객에게 휠체어 서비스를 제공하며 탑승 수속부터 탑승까지 전담 직원이 보조하고, 목적지 공항 도착 후에는 터미널 내 도착장까지 이동을 도와드리는 서비스이다. 휠체어 서비스는 미리 신청하신 승객에게 우선 제공하고 있다. 또한 기내에서 이동할 때 휠체어가 필요한 승객은 해당 항공사에 문의해야 한다. On-Board Wheel Chair는 객실 내 좁은 통로에 맞도록 특별히 설계된 기내 전용휠체어이며 거동이 불편한 승객이 좌석을 이동할 때, 비행 중 화장실 사용하기 위해 이동할 때, 하기 시 등 기타 이동이 필요할 때 제공된다.

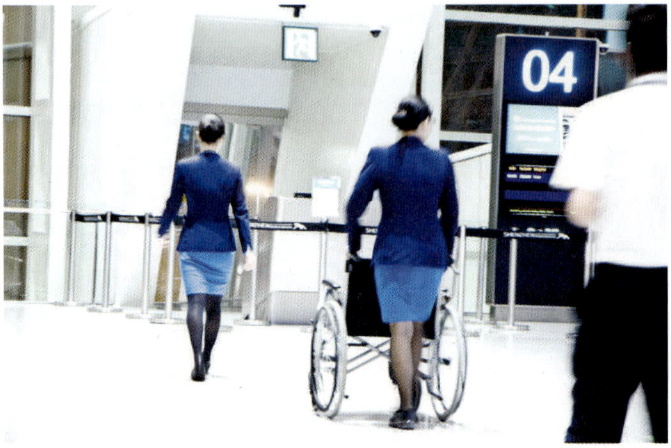

▲ 휠체어 서비스

2) 인적 서비스

인적 서비스는 기내에 장착된 설비와 탑재된 물품을 사용하여 승객이 보다 안전하고 편안하게 여행할 수 있도록 기내에서 승무원들에 의해 이루어지는 모든 서비스를 말한다. 항공사의 고객 불만이나 칭송사례는 대부분 인적서비스에 기인하는 것이 많기 때문에 상대방을 존중하고 배려하는 마음가짐과 서비스의 기본자세가 갖추어져야 한다. 서비스의 기본자세를 구체적으로 살펴보면 다음과 같다.

(1) 기본자세

① 눈높이 자세

- 승객의 1열 앞이나 승객의 Armrest 옆쪽에서 자세를 낮추고, 승객을 정면으로 볼 수 있도록 위치하여, 승객과 눈높이를 맞추어 응대한다.
- 승객과 대화가 길어질 경우, 손님께 양해를 구해야 할 경우, VIP/CIP 및 주요 인사 응대 시, 노약자 및 어린이 승객 응대 시, 상위 Class Menu 서비스 및 주문 사항 접수 시, Personal Touch 시 등 기내상황에 따라 필요 시 눈높이 자세를 취한다.
- 무릎 중 승객 쪽 무릎만을 바닥에 닿게 하고, 다른 쪽 무릎은 약간 세워 상체가 흔들리지 않도록 안정된 자세를 취한다. 이때 스커트 옷 매무새를 잘 정돈하고 기내화 뒷부분이 벗겨지지 않도록 주의하며 승객 좌석 팔걸이에 기대지 않도록 한다.

② 걷는 자세

- 가슴과 등을 곧게 펴고 시선은 승객을 향한다. 턱은 몸 쪽으로 가볍게 당긴다.
- 발은 일자가 되도록 하고 보행 중에는 다리가 벌어지지 않도록 안쪽 무릎이 스치듯 걷는다. 팔은 앞뒤로 자연스럽게 흔든다.
- 기내에서는 신발을 끌지 않도록 주의하며, 바닥이 울리지 않도록 조심스럽게 걷는다.

- 기내 walk around를 할 때 뒷짐을 지거나 주머니에 손을 넣고 걸어서는 안 되며 팔짱을 끼고 걷지 않는다.
- 비상상황 외에는 뛰지 않으며, 급할 때는 빠른 걸음으로 조용히 걷는다.

③ 서 있는 자세

- 턱은 당기고 시선은 정면을 향하고 허리와 어깨는 곧게 편다.
- 무릎과 발뒤꿈치는 붙이고 아랫배에 힘을 주며 무게 중심은 엄지발가락에 둔다.
- 양 발은 발뒤꿈치를 붙이고 앞은 약 30도 정도로 한다.
- 승객의 가시권 내에서 뒷짐을 지거나 무게중심을 한 쪽으로 이동하여 비스듬히 서지 않는다. 또한 좌석, 벽, Cart 등에 기대지 않는다.
- 승객 응대 시 두 손을 앞으로 모아 정중하고 공손한 자세를 취한다.

④ Jump Seat 앉는 자세

- 허리를 곧게 펴고 등 아래 부분은 등 받침에 붙이되, 뒤로 완전히 기대지 않는다.
- 앉아 있을 때 팔짱을 끼지 않고 손은 자연스럽게 무릎 위에 올린다.
- 여승무원은 무릎과 발은 모으며 남승무원은 무릎을 어깨 넓이로 벌리고 다리를 꼬지 않는다. 기내화를 살짝 벗거나 다리를 흔드는 모습을 해서는 안 된다.
- 앉고 일어날 때는 소리가 나지 않도록 주의하고, 벨트는 바깥으로 나오지 않도록 정리한다.
- 이착륙 시에는 Jump Seat에 맞는 이착륙 자세를 취한다.

⑤ 방향안내

- 방향을 안내할 때는 다섯 손가락을 가지런히 모아 손바닥 전체를 비스듬히 위로 오도록 하여 방향을 안내한다.
- 팔을 펴는 각도로 거리감을 표현한다.

- 우측은 오른손, 좌측은 왼손을 사용하여 안내한다.
- 한 손가락이나 턱으로 안내하지 않는다.
- 앞장서서 안내할 경우에는 수시로 뒤를 돌아보며 승객과 적정한 보조를 맞춘다.
- 시선은 상대방의 눈을 먼저 보고, 가리키는 방향을 손과 함께 향했다가 다시 상대방의 눈을 본다. (삼점법 : 상대방 눈 → 지시방향 → 상대방 눈)

⑥ 인사 자세

- 인사는 상대에게 존중과 관심을 나타내는 표현이므로 예의 바르고 진심이 담긴 정중한 마음으로 한다.
- 승객을 반기는 밝은 표정과 바른 자세로 상대를 향해 선다.
- 발의 뒤꿈치를 붙이고 양 발의 각도는 15~30도 정도로 한다.
- 여성은 오른손이 위로 오도록 하여 두 손을 앞으로 모으고, 남성은 바지의 재봉선에 자연스럽게 붙인다.
- 먼저 허리부터 숙이고, 이때 등과 머리는 일직선이 되도록 하여 정중하게 굽힌다. 이때 시선은 발끝 1~2m 앞에 둔다.
- 인사의 처음과 끝은 반드시 Eye Contact & Smile로 하며, 상황에 맞는 인사말을 한다.

인사의 종류

목례(15도)	보통례(30도)	정중례(45도)
• 가장 가벼운 인사 • Aisle에서 승객과 마주칠 때 및 한 승객과 자주 마주칠 때	• 일반적인 인사 • Boarding과 Farewell 인사 시	• 깊은 감사와 사죄를 표할 때하는 인사 • 기내방송에 맞춰 Welcome 인사 시

인사법

- 1단계: Eye Contact & Smile을 한다.
- 2단계: 인사말을 한 후 상체를 숙인다.
- 3단계: 숙인 상태에서 1초간 잠시 멈춘다.
- 4단계: 몸을 천천히 일으킨 후 바로 서서 Eye Contact & Smile을 한다.

5대 접객용어란?

- 안녕하십니까, 어서 오십시오.
- 무엇을 도와드릴까요?
- 감사합니다.
- 죄송합니다.
- 안녕히 가십시오.

(2) 승객 응대 시 기본 매너

① 용모복장, 표정 및 태도

- 용모복장은 항상 청결하고 단정하게 유지한다.
- 항상 밝은 표정과 자연스런 미소를 유지하고 승객과 대화 시 Eye Contact를 유지한다.
- 승객을 정면에서 바라본다. 승객을 옆에서 곁눈으로 보거나 눈을 치켜뜨지 않으며 위에서 아래로 내려다보지 않는다.
- 승객응대 시 승객에게 친근감을 주는 밝고 자연스런 표정을 유지하며, 승객의 기분이나 상황 등에 맞추어 적절한 표정연출을 한다.
- 모든 승객에게 공손하고 예의바르게 응대하며 공평한 태도를 갖추도록 한다.
- Aisle에서 승객과 마주칠 경우 가볍게 목례와 함께 미소 지으며 승객이 먼저 지나가도록 비켜드린다.

• 기내에서 승객과 부딪쳤을 경우 정중하게 사과한다.

② 말씨(대화법, 화법)

• 표준어, 경어, 정중한 어휘를 사용하며 교양 있고 세련된 언어로 공손하게 표현한다.
• 승객응대 시 반 토막말이나 외래어, 은어나 속어 등은 사용하지 않는다. 또한 승객에게 항공사 승무원 간의 전문 용어를 사용하지 않는다.
• 정확한 발음과 적절한 속도, 밝고 긍정적인 어조로 표현한다.
• 긍정형과 권유형의 어법을 구사하며, 가급적 '~~다', '~~까'를 맺음말로 사용하여 정중하게 표현한다.
• 적절한 쿠션용어를 사용하여 대화한다.
• 기내판매 시 혹은 승객 Rest 시점에 목소리를 크게 하지 않는다.
• 승객을 호칭할 때에는 해당승객의 직함이나 성명을 호칭한다.
• 어린이 및 학생 승객에게 반말, 낮춤말을 사용하지 않는다.

(3) 승객응대 시 준수사항

• 승객의 질문에 정확한 답변을 할 수 있도록 항상 비행정보 및 여행정보를 숙지하여 승객과의 대화에 활용하도록 한다.
• 승객의 말을 이해하지 못했을 때는 추측하지 말고 정중히 다시 확인하도록 한다.
• 승객이 이야기할 때에는 적절한 맞장구나 고개를 끄덕이는 등의 관심 있는 태도를 취한다. 또한 승객과 논쟁은 하지 않으며 특정 승객과 장시간 대화는 피한다.
• 비행 중 Call Button이 켜질 경우 해당 승객의 요구사항을 먼저 해결한다. Call Button을 먼저 Reset 하려는 인상을 주지 않도록 주의하며 해당 승객의 요구 사항을 끝까지 경청한 다음 Reset한다.

- 비행 중 승객이 원하는 물품이 없거나 제공이 불가능한 경우, 요청한 서비스를 할 수 없을 경우에는 그 상황을 친절하고 정중하게 설명하고 대체할 수 있는 물품을 권하거나 대체 서비스를 제안한다.

(4) 불만승객 응대요령

- 비행 중 불만을 표현하는 승객에게는 승객의 입장에서 그 내용을 경청하고 공감해주며 이를 해결하기위해 노력하는 적극적인 자세를 보인다.
- 불만승객 발생 시 담당승무원이 1차적으로 해결한 후 객실사무장에게 보고하며 객실사무장은 비행종료 전까지 승객의 불만을 최대한 해결하도록 노력한다. 객실사무장은 비행 종료 후 원만한 해결이 불가능하거나 유관부서의 참고가 필요한 경우 및 후속조치가 필요한 상항에 대하여 Cabin Report를 작성하여 제출한다.
- 필요 시 객실사무장은 기장에게 상황을 통보한다.

3. 기내서비스 용품

1) 기내서비스 용품의 정의

기내서비스 용품이란 기내 설비 및 장비를 제외하고 기내에 탑재되는 모든 물품을 말하는 것으로 서비스 기물과 서비스 Item으로 구분할 수 있다. 서비스 기물은 서비스 Item을 제외한 것으로 회수하여 재사용이 가능한 Cart, Tray, Basket 등의 물품을 말한다. 서비스 Item은 승객에게 일차적으로 제공되며 그 자체가 서비스의 주가 되는 Meal, Beverage, 소모품, Garnish류, Sauce류 등을 말한다. 즉, 식사와 음료를 담는 식기류는 서비스 기물이고 식사와 음료는 서비스 Item이 된다.

2) 서비스 기물의 종류 및 용도

서비스 시작 전에 서비스 기물의 청결도 및 상태를 점검하여 사용한다. 모든 서비스 기물은 훼손 또는 손상을 줄일 수 있도록 상위 Class에서 서비스되는 Glass류는 Rack에, 기타 서비스 기물은 안전하게 Cart와 Carrier Box에 회수, 보관, 하기한다. 기물을 다룰 때는 소음이 나지 않도록 주의한다.

(1) Cart

종류	용도
Meal Cart	• Meal 및 기타 서비스 Item 탑재 용도 • Large Tray Meal 14개씩 양쪽으로 총 28개 탑재 • 2/3 Tray Meal 총 42개 탑재 • Small Tray Meal 28개씩 양쪽으로 총 56개 탑재
음료 Cart	• 주스류, 맥주, Liquor, Liqueur, Soft Drink 및 기타 서비스 Item 탑재 용도
Serving Cart	• Boarding 시 신문을 Setting하여 Door 앞에 배치 • F/CLS: Meal & Beverage 서비스 • C/CLS: Meal & Beverage 서비스 및 회수 • Y/CLS: Refreshment, Headphone 서비스 및 회수

- Cart Door를 여닫을 때는 Locking 고리를 이용하고, Cart Handing 취급 시 소음이 나지 않도록 주의한다.
- Cart는 안정감 있게 두 손으로 잡고, Aisle을 지날 때는 승객이 다치지 않도록 주의한다.
- Meal 및 음료 Cart 내부나 Serving Cart 중단 등에서 서비스 Item을 꺼내거나 넣을 때는 무릎을 굽히고 자세를 낮추어 허리에 무리가 가지 않도록 주의한다.
- Serving Cart는 상/중/하단을 펼쳐서 고정시키고 하단에는 서비스 Item을 놓지 않는 것을 원칙으로 한다.
- Cart를 Aisle이나 Door Side에 방치한 채로 승객 좌석 3열 이상 벗어나지

않도록 한다.

- Cart 정지 시 승무원은 Brake Pedal을 이용하여 Cart를 고정한다.

▲ Meal Cart

▲ 음료 Cart

▲ Serving Cart

(2) Tray

종류	용도
Large Tray	– Basic Meal Tray – 음료 서비스 및 회수 – 각종 서비스 및 회수
Small Tray	– Basic Meal Tray – Individual 서비스 및 회수 – Coffee/Tea 서비스

- 사용 전 Paper Tray Mat을 깔아 사용한다. Tray에 약간의 물을 부어 Tray mat을 붙이면 서비스 용품의 미끄러짐을 방지할 수 있다.
- Tray를 잡을 때는 긴 쪽이 통로와 평행이 되도록 하고 중간 부분을 잡되 엄지손가락은 위로 나머지 손가락으로는 Tray를 받쳐 잡는다.
- Tray는 승객에서 밑면이 보이지 않도록 든다.
- 회수 시 Tray의 위치는 항상 통로 쪽에 위치하도록 하고 Cup 등을 회수할 때는 몸의 가까운 쪽부터 놓는다.

(3) Linen

종류	용도
Linen	Bread Basket, Wine 서비스

- 사용 전 청결상태를 점검하여 구김이 가지 않도록 다룬다.
- 박음질 부분이 아래쪽으로 가도록 한다.
- 사용한 리넨은 회수용 Vinyl Bag에 넣어 하기하고 미사용 리넨은 착륙 후 Galley 선반 위에 올려놓아 하기시킨다.

(4) Basket 및 Tongs

종류	용도
Bread Basket	Bread, Headphone, Snack 서비스 시 사용
Bread Tongs	Bread 서비스 시 사용
Towel Basket & Tongs	Towel 서비스 및 회수 시 사용

- 바닥에 내려놓지 않는다.
- 손바닥으로 Basket의 밑면을 받쳐 안정감 있게 잡는다.
- 빵을 서비스할 때는 왼손에는 Bread Basket을 오른손에는 Bread Tongs를 이용해 하나씩 서비스한다.

(5) 그 밖의 기물

종류	용도
Hot Cup	라면, 스프, 한식메뉴의 국 등을 데울 때 사용
Pot	Coffee/Tea 서비스
Mudder Box	Sugar, Cream, Tea Bag, Mudder 등의 Holder

3) 서비스 Item의 종류 및 용도

- 서비스 Item 종류에는 Meal, Beverage, 소모품, Garnish류, Sauce류, 독서물 등이 있으며 각 항공사마다 노선별로 서비스되는 Item과 탑재 방법이 다를 수 있다.
- 서비스 Item은 용도에 따라 승객 식사, 음료 등은 Cart에 탑재되고, 일회용 물수건, 편의용품, 고추장 등은 Bulk로 탑재된다.
- Dry Item, 화장실 용품, 설탕, 크림, 안대, 귀마개 등은 Carrier Box에 탑재된다.

종류 및 용도	사진
알루미늄 호일 : 훼손된 entrée 커버 교체용	
기저귀와 위생용품 :유아동반 승객이나 여성승객이 요청 시 제공	
Muddler & Lemon Pick : 알코올음료를 얼음과 함께 제공할 때, 레몬 서비스 용	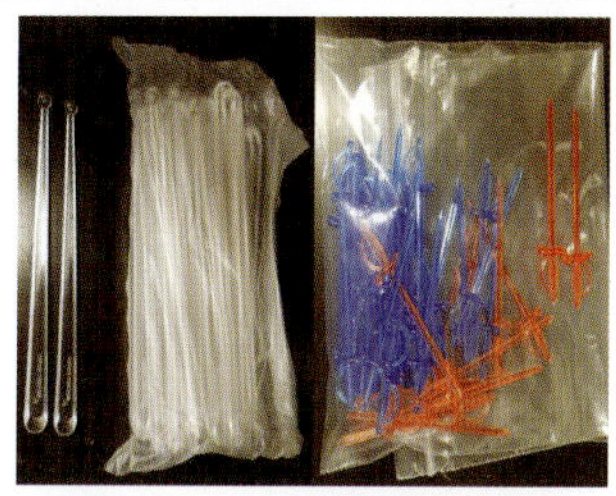
Cup Lid & Straw : 어린이 승객에게 음료 제공시	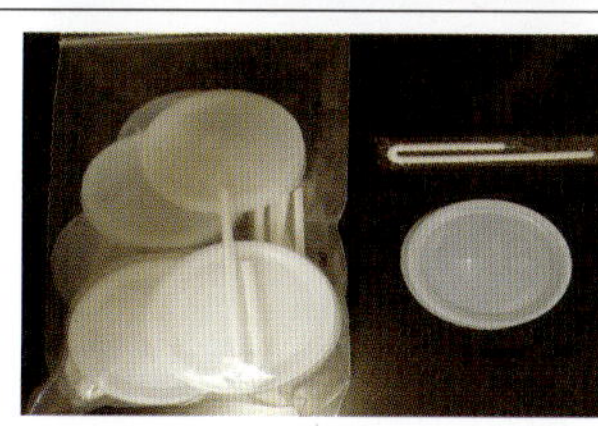
Sugar & Cream / Tea bag /커피 Pack / 디카페인 커피 : Hot Beverage 서비스용	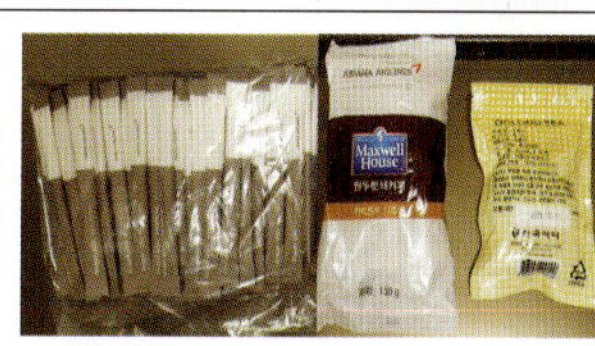
안대 / 귀마개	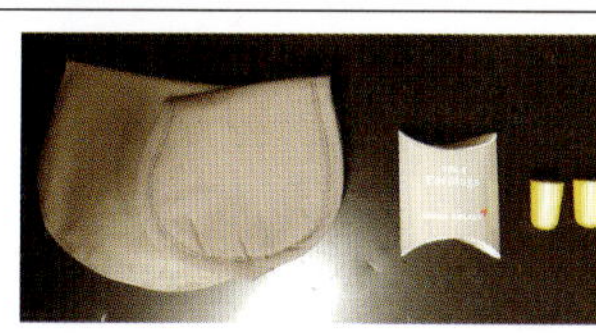
Child Giveaway : 탑승하는 어린이 승객에게 제공하는 기념품	

종류 및 용도	사진
돋보기	
빗	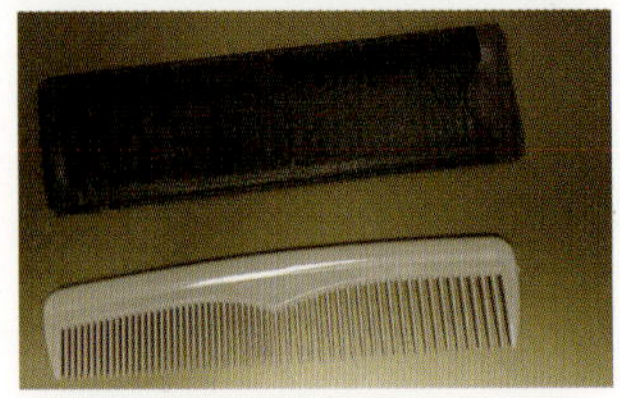
Amenity Kit : 상위 Class 서비스용	
기내식	
각종 음료	

Worksheet

1. 기내 물적 서비스 중 대표적인 물적 서비스를 예를 들어 설명해 보세요.

2. 서비스기본자세 중 인사의 종류를 예를 들어 설명해 보세요.

3. 기내 서비스 기물 중 Cart의 종류 및 용도, 사용 시 주의사항을 설명해 보세요.

4. 기내 서비스 기물 중 Tray의 종류 및 용도, 사용 시 주의사항을 설명해 보세요.

Chapter

05

기내식음료의 이해

학습목표

1. 알코올 음료와 비알코올 음료에 대해서 이해할 수 있다.
2. 서양식에 대해 이해할 수 있다.
3. 기내식 중 특별 기내식의 종류와 특성을 이해할 수 있다.
4. 기내식음료 서비스의 원칙에 대해서 이해할 수 있다.

Chapter 05

기내식음료의 이해

1. 음료의 이해

음료란 사람이 마실 수 있는 모든 액체를 말하며, 알코올 함유의 유무에 따라 알코올 음료와 비알코올 음료로 분류할 수 있다.

1) 알코올 음료(Alcoholic Beverage)

Alcoholic Beverage는 알코올이 들어 있는 모든 음료를 일컬으며 우리가 흔히 술이라고 부르는 모든 종류들이 이에 속한다. Alcoholic Beverage는 제조방법과 마시는 시점에 따라 다음과 같이 분류할 수 있다.

(1) 제조방법에 따른 분류

① 양조주(Fermented Liquor)

과실에 함유되어 있는 과당을 발효시키거나 곡물에 함유되어 있는 전분을 당화하여 효모의 작용으로 1차 발효시켜 만든 알코올성 음료를 말한다. 알코올 발효가 끝난 술을 직접 또는 여과하여 마시기 때문에 원료 자체에서 우러나오는 성분을 많이 즐길 수 있는 음료이다. 포도주(Wine), 맥주(Beer), 청주(Sake), 탁주(Rice Wine) 등이 여기에 속한다.

② 증류주(Distilled Liquor)

1차 발효된 양조주를 다시 증류시켜 알코올 도수를 높인 술이다. 증류는 알코올과 물의 끓는점의 차이를 이용하여 고농도 알코올을 얻어 내는 과정이다. 양조주를 서서히 가열하면 끓는점이 낮은 알코올이 먼저 증발하는데 이 증발하는 기체를 모아서 냉각시키면 다시 고농도의 알코올 액체를 얻을 수 있다. 위스키(Whisky), 브랜디(Brandy), 진(Gin), 럼(Rum), 보드카(Vodka), 테킬라(Tequila) 등이 여기에 속한다.

③ 혼성주(Compounded Liquor)

양조주나 증류주에 식물의 꽃, 잎, 뿌리, 과일, 껍질을 첨가하여 식물의 향미, 맛, 색깔을 내고 다시 당, 색소를 첨가하여 만든 술을 말한다. 일반적으로 알코올 함량, 고형분 함량이 모두 높은 술이다. 리큐르(liqueur)가 여기에 속한다.

(2) 마시는 시점에 따른 분류

① 식전주(Aperitif)

식욕을 자극하기 위해 식사 전에 제공되는 술의 일종이다. 위산분비가 활발해져 식욕을 증진시키는 역할을 하고 주로 신맛과 쓴맛을 가지고 있으며 달지 않아야 한다. 대표적으로 샴페인(Champagne), 캄파리(Campari), 드라이 셰리(Dry

Sherry), 버무스(Vermouth), 마티니(Cocktail) 등이 있다.

▲ 식전주(샴페인)

▲ 식전주(마티니 Cocktail)

② 식중주

식사와 함께 마시는 술을 말하며 소화를 돕고 입맛을 새롭게 하는 역할을 한다. 알코올 농도가 높지 않아야 하며 위나 혀에 자극을 주지 않는 것이 좋다. 대표적으로 맥주(Beer), 와인(wine)이 있다.

▲ 맥주

▲ 와인

③ 식후주

식사를 마친 후 소화를 돕는 역할을 한다. 주로 알코올 농도가 높고 당도가 높은 감미로운 술을 말한다. 대표적으로 리큐르(liqueur), 브랜디(Brandy), 크림 쉐리(Cream Sherry), 포트(Port)가 있다.

▲ 리큐르(liqueur)

▲ 브랜디(Brandy)

2) 알코올 음료(Alcoholic Beverage)의 종류

(1) 와인(Wine)

와인은 넓은 의미로 과일이나 식용열매 등을 발효한 술을 말하기도 하지만, 일반적으로 포도로 만든 것을 와인이라고 한다. 와인의 명칭은 영어로 와인(Wine), 프랑스어로 뱅(Vin), 독일어로 바인(Wein), 이탈리아와 스페인어로 비노(Vino), 포르트갈어로 비뉴(Vinho)라고 한다.

① 색깔에 따른 분류

가) 레드 와인(Red Wine)

적포도를 짜서 만든 포도즙을 일정시간 그대로 두어 만들어 낸 와인으로 껍질, 씨와 함께 양조통에서 발효시킨 다음 압착한다. 타닌 성분이 우러나기 때문에 떫은 맛이 특징이다.

▲ 레드 와인

나) 화이트 와인(White Wine)

청포도를 원료로 하여 씨와 껍질을 제거한 과즙을 이용하거나 드물게 적포도 품종으로도 만들어진다. 포도를 압착하여 조심스럽게 껍질을 벗겨 맑은 포도즙을 얻어 낸 후 12~24시간의 정제 과정을 거쳐 윗부분의 맑은 주스만 사용하여 발효시킨다. 레드와인에 비해 가볍고 상큼, 신선한 맛을 지닌다.

▲ 화이트 와인

다) 로제 와인(Rose Wine)

포도 껍질과 과육을 같이 넣고 발효시키다가 색이 살짝 우러나오면 껍질을 제거한 채 과즙을 가지고 발효시킨 와인이다. 보존기간이 짧아 오래 숙성시키지 않으며 화이트 와인과 같이 차게 해서 마시는 것이 좋다. 색이 분홍빛이며 맛은 신선하고 가벼워서 화이트 와인에 가깝다.

▲ 로제 와인

② 양조방법에 따른 분류

가) 일반와인(Still Wine)

제조과정에서 발생되는 탄산가스를 제거시켜 만드는 비발포성 와인을 말하며 대부분의 와인이 여기에 속한다.

▲ 강화 와인

나) 강화 와인(Fortified Wine)

발효시킨 와인이나 발효 중인 와인에 브랜디를 첨가하여 발효를 정지시켜 알코올 함유량을 높인 주정강화 와인을 말한다. 대표적인 것으로 포르투칼의 Port, 스페인의 Sherry, 이탈리아의 Madeira가 있다.

다) 발포성 와인(Sparkling Wine)

1차 발효 후의 와인에 당분과 효모를 첨가하여 병 안에서 2차 발효를 통해 탄산가스를 용해시킨 와인이다. 스파클링 와인에서 가장 대표적인 것이 샴페인

(Champagne)인데, 모든 스파클링 와인을 샴페인이라고 하는 것은 아니며 프랑스의 샹파뉴(Champagne) 지역에서 전통방식으로 생산된 것만을 샴페인이라고 부를 수 있다. 이탈리아의 스파클링 와인은 스푸만테(Spumante)라고 부르고 스페인에서는 카바(Cava), 독일은 젝트(Sekt), 영어권에서는 스파클링 와인(Sparkling Wine), 혹은 버블 와인(Bubble Wine)이라고 부른다.

▲ 발포성 와인

라) 가향 와인(Aromatized Wine)

와인 발효 전후에 과일즙, 혹은 천연 향을 첨가한 와인이다. 대표적인 것으로 이탈리아의 Sweet Vermouth, 프랑스의 Dry Vermouth 등이 있다.

▲ 가향 와인

③ 와인 맛에 따른 분류

가) 드라이 와인(Dry Wine)

양조 시 당분이 거의 남아 있지 않도록 완전히 발효시켜 만든 와인으로 식전주나 테이블와인으로 즐긴다.

나) 미디엄 드라이 와인(Medium Dry Wine)

드라이 와인(Dry Wine)과 스위트 와인(Sweet Wine)의 중간 정도의 와인을 말한다. 드라이하지만 약간은 스위트한 느낌으로 잔당 함량이 1~2% 미만이며 세미 스위트 와인(Semi Sweet Wine)이라고 부르기도 한다. 약간의 단맛이 있기 때문에 와인 초보자도 쉽게 마실 수 있으며 일반적으로 식사와 함께 마신다.

다) 스위트 와인(Sweet Wine)

발효과정에서 당분을 완전히 발효시키지 않아 포도당의 단맛이 비교적 많이 남아 있는 와인을 말한다. 보통의 경우 수확을 늦게 하여 포도의 수분이 줄고 당의 함량이 높아졌을 때 포도를 수확해 와인을 제조하는 방법을 사용하며, 양조과정에서 가당을 하는 경우도 있다. 스위트 와인은 와인 자체의 단맛이 음식의 맛을 저하하기 때문에 주로 식후 디저트 와인으로 마신다.

▲ 와인

④ 와인 생산지에 따른 분류

가) 프랑스 와인

포도재배에 이상적인 기후와 토양, 그리고 국가에서 법적으로 원산지 통제명칭(AOC)을 마련해 품질을 엄격하게 관리하기 때문에 '최상급 와인'하면 프랑스 와인을 손꼽는다. 전 국토에 걸쳐 와인을 생산하고 있으며 기후와 토양의 다양한 특성 때문에 각 지역마다 다른 특성의 와인을 생산하고 있다. 대표적인 와인 산지는 보르도(Bordeaux), 버건디(Burgundy), 루아르(Loire) 지역 등이 있다.

나) 이탈리아 와인

지중해 연안에 자리 잡은 지정학적 위치로 일조량이 많아 와인 제조에 알맞은 포도가 많이 열리고 타닌이 많아 Body감을 주는 와인이 생산된다. 대표적인 와인 산지는 토스카나(Toscana), 피에몬테(Piemonte), 베네토(Veneto)이다.

다) 스페인 와인

무더운 기후와 건조한 산악지대 국가로 어느 나라보다 넓은 지역에서 포도를 생산하고 있지만 주로 고산지대에서 생산된다. 포도나무의 수령이 오래되고 포도밭에 포도와 다른 작물을 혼합하여 재배하기 때문에 단위 면적당 포도주 생산량은 적은 편이다. 스페인을 대표하는 주정강화와인인 셰리(Sherry)가 유명하며 상급와인이 생산되는 지역은 헤레즈(Jerez), 리오하(Rioja), 몬티야(Montilla), 카탈로니아(Catalonia) 등이다.

라) 독일 와인

날씨가 춥고 일조량이 부족한 기후의 특성으로 독일에서 재배되는 포도는 당분함량이 낮고 산도가 높다. 주로 독일 와인의 85%가 화이트와인이 차지하고 있으며 세계 최고의 화이트 와인생산국이다. 대표적인 와인 산지는 라인(Rhine), 모젤(Mosel) 등이 유명하다.

마) 미국 와인

포도재배에 적합한 토질과 좋은 기후 조건, 와인 생산자의 끊임없는 연구와 노력으로 와인의 역사가 짧음에도 꾸준히 우수한 와인을 생산하고 있다. 주요 와인산지는 나파밸리(Napa Valley)와 소노마 카운티(Sonoma County)이다.

Wine Label 읽는 방법

▲ 프랑스 보르도 와인 라벨 읽는 법

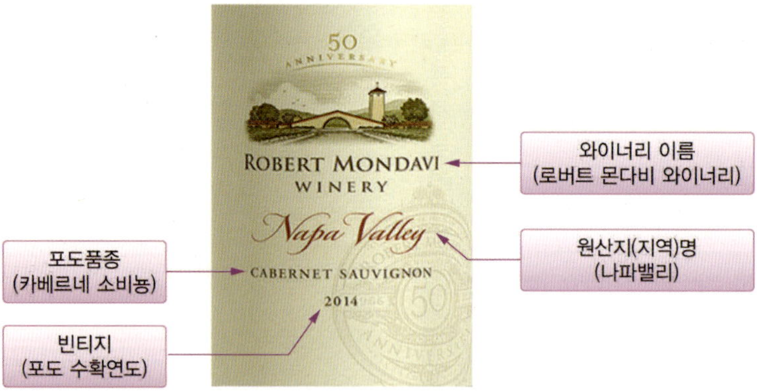

▲ 미국 와인 라벨 읽는 법

(2) 맥주(Beer)

보리 · 홉(hop)을 주 원료로 발효시켜 만든 것으로 전 세계에서 가장 대중적이며 가장 오래된 알코올 음료이다. 탄산가스의 청량감을 즐길 수 있도록 6~8도 정도의 온도로 차게 마시는 것이 좋으나 너무 차면 맛을 제대로 느낄 수 없다. 맥주의 거품은 탄산가스의 유출을 방지하고 신선한 맛을 유지해 주는 역할을 하므로 거품과 함께 마시는 것이 좋다.

① 맥주의 종류

가) Draft Beer

살균하기 위하여 열처리 하지 않은, 양조한 그대로의 맥주를 말한다. 맥주의 신선한 향미를 그대로 가지고 있으나 효모의 활성이 있어 변질되기 쉽기 때문에 빨리 소비해야 한다.

나) Lager Beer

발효통의 아래에 가라앉는 '하면(下面)발효 효모'로 만들어지기 때문에 '하면발효 맥주'라고도 부른다. 낮은 온도에서 장시간 '저장'시켜 만들어지기 때문에 라거 계열의 맥주는 부산물이 적어 깔끔하고 시원한 청량감이 특징이다.

다) Stout Beer

맥아를 까맣게 태워 어두운 빛깔의 맥주로 양조한 맥주를 말한다. 색깔이 매우 진하고 맥아 향이 강한 것이 특징이다.

상면발효맥주(Top Fermentation Beer)

- 발효 중 표면에 떠오르는 효모를 사용하고 고온에서 발효시킨다.
- 상면발효맥주는 맥아농도가 높고 색이 진하며 알코올 도수가 높다.
- 에일(Ale), 스타우트(Stout), 기네스, 호가든 등이 있다.

하면발효맥주(Bottom Fermentation Beer)

- 발효 중 아래에 가라앉은 효모로 만들어지며 저온에서 발효시킨다.
- 부드러우며 알코올 도수가 낮아 마시기에 편하다. 전 세계적으로 대부분의 맥주가 하면발효맥주에 해당한다.
- 라거(Lager), 필스너(Pilsner), 보크(Bock) 등이 있다.

(3) 증류주

① 위스키(Whiskey)

곡물(옥수수, 호밀, 보리, 밀)을 발효시킨 양조주를 증류한 것으로 오크(oak)통 속에서 저장, 숙성의 과정을 거쳐 만든 대표적인 증류주이다. 생산지별로 고유의 풍미와 특성을 가지고 있으므로 스트레이트(Straight)로 마시거나 얼음(ice)과 함께 온더록스(on the rocks)로 마신다. 종류로는 Scotch Whisky, American Whiskey, Canadian Whisky, Irish Whisky가 있으며 Manhattan, whisky sour, bourbon coke 등 칵테일의 기주(Base)로도 사용된다.

위스키를 마시는 방법

위스키(Whiskey)를 마실 때는 원액 그대로(Straight)로 마시거나 얼음을 넣어(On the Rock) 희석시켜 마시는 방법이 있다.

▲ Whisky Straight

▲ Whisky on the rocks

▲ Whisky

② 브랜디(Brandy)

Wine을 증류한 것으로 식후주로 많이 애용된다. 발효가 끝난 와인을 증류하여 액체로 만든 다음 오크 통에 넣어 숙성시키면 호박색의 브랜디가 만들어지며 숙성기간이 길수록 품질이 우수하다. 종류로는 꼬냑(Cognac), 아르마냑(Armagnac), 칼바도스(Calvados)가 있다.

▲ 브랜디

브랜디의 숙성기간

브랜디는 숙성기간이 길수록 풍미가 향상되고 품질이 좋은 것으로 평가된다. 라벨에 숙성기간을 표시하게 되어 있지만 브랜드별로 사용되는 표시가 상이할 수 있으며, 숙성 기간표시는 의무규정이 아니므로 최소 숙성기간에만 해당되어도 표기할 수 있다.

꼬냑의 경우에만 브랜드에 따라 법적으로 보증되는 숙성기간을 표기하도록 정해져 있으며, 숙성기간이 5년 이상일 때 ☆☆☆로 표기한다.

라벨에 숙성기간을 별표(Etoile)로 표시하는 방법과 문자로 나타내는 방법이 있는데 자세한 사항은 아래 표와 같다.

표시	숙성기간	문자 표기법의 의미
☆	2~5년	V=Very S=Superior O=Old P=Pale X.O=Extra Old 〈Remy Martine〉 Extra Old= Age Unknown V.S.O.P= Medallion
☆☆	5~6년	
☆☆☆	7~10년	
☆☆☆☆☆	10년 이상	
V.O	12~15년	
V.S.O	15~25년	
V.S.O.P	25~30년	
Napoleon	30~40년	
X.O	50년 이상	
Extra Napoleon	70년 이상	

▲ 브랜디(Brandy)의 숙성기간 표기법

별표(Etoile: 에투알) : ☆

Etoile은 '별'을 의미하는 프랑스어이다. 프랑스에서 유성이 많던 해에 좋은 꼬냑이 생산되었던 것에 유래하여 현재까지 숙성기간을 나타내는 표시로 사용되고 있다.

▲ 보드카

③ 보드카(Vodka)

러시아와의 대표적인 술로 곡류 또는 감자에 엿기름을 더하여 당화, 발효시켜 증류한 뒤 자작나무 숯으로 탈취, 여과한 술로 무색, 무미, 무취한 특징을 갖고 있다. 캐비아(Caviar), 연어(Salmon) 등의 전채요리와 함께 식전주로 애용되며 칵테일의 기주(Base)로도 사용된다. 대표적인 브랜드는 Sminoff, Absolut, Finlandia, Gordon's 등이 있다.

④ 진(Gin)

증류주인 동시에 혼성주인 진은 증류주에 Juniper Berry(노간주나무 열매)의 향미를 추출, 혼합하여 제조한 것이다. 초기에는 약용으로 판매하였으나 산뜻한 향으로 인해 점차 기호식품으로 발전하였으며 칵테일의 기주(Base)로도 사용된다. 대표적인 브랜드는 Gordon's, Beefeater, Bombay Sapphire 등이 있다.

▲ 진

⑤ 럼(Rum)

당밀이나 사탕수수의 즙을 발효시켜서 증류한 술로 카리브해 서인도 제도에서 많이 생산되고 있다. 각각 생산지나 제조법에 따라 독특하며 라이트 럼, 미디엄 럼, 헤비 럼 3가지 유형으로 구분한다. 럼은 특유의 향미를 가지고 있어 Straight로 마시기도 하고 다른 재료와 쉽게 섞이는 특성으로 다양한 칵테일의 기주(Base)로도 사용된다. 대표적인 브랜드는 Bacardi, Myers's 등이 있다.

▲ 럼

⑥ 테킬라(Tequila)

선인장의 일종인 용설란(Agave)의 수액을 발효하고 2번의 증류를 시켜 만든 것으로 멕시코를 대표하는 증류주이다. 색에 따라 화이트 테킬라(White Tequila)와 골드 테킬라(Gold Tequila)로 분류할 수 있다. 화이트 테킬라(White Tequila)는 무색투명하고 산뜻하고 잡내가 없어 마가리타(Margarita), 테킬라 선라이즈(Tequila Sunrise)등의 칵테일 기주(Base)로도 사용된다. 골드 테킬라(Gold Tequila)는 오크통에 숙성시켰기 때문에 황금색의 원숙한 풍미가 있으며 레몬과 소금을 곁들여 스트레이트용으로 많이 마신다.

▲ 테킬라

(4) 리큐르(Liqueur)

증류하여 만든 주정에 과실 · 과즙 · 약초 등의 성분을 넣고 설탕 · 포도당 · 꿀 · 시럽 등 감미료를 넣은 혼성주이다. 알코올 성분이 강하고 단맛이 있어 식후주로 애용되고 칵테일의 재료로 사용되기도 한다. 종류에는 식전주로 애용되는 깜빠리(Campari), 버무쓰(Vermouth), 식후주로 애용되는 꼬엥뜨로(Cointreau), 베일리스(Baileys), 그랑 마니에르(Grand Marnier), 드람브이(Drambuie) 등이 있다.

▲ 리큐르(Liqueur)

(5) 칵테일(Cocktail)

두 가지 이상의 술을 혼합하거나 탄산음료, 과일즙, 향신료 등의 재료를 섞어서 만든 알코올 음료이다. 알코올 도수가 낮아 식욕을 증진시켜 주는 식전주로 적합하며 향기, 맛, 색깔의 조화로 분위기를 만드는 예술품이라고 할 수 있다.

① 칵테일의 구성요소

가) 베이스(Base)

칵테일의 기본이 되는 술(Liquor)을 말한다.

▲ 위스키(Whiskey)

▲ 브랜디(Brandy)

▲ 보드카(Vodka)

▲ 진(Gin)

▲ 럼(Rum)

▲ 테킬라(Tequila)

나) 믹서류(Mixer)

칵테일의 베이스(Base)와 섞이는 음료로 탄산수(Soda Water), 토닉워터(Tonic Water), 진저에일(Ginger Ale) 등이 있다.

▲ 탄산수(Soda Water)

▲ 토닉워터(Tonic Water)

▲ 진저에일(Ginger Ale)

다) 가니쉬(Garnish)

칵테일의 맛을 더하거나 돋보이게 하기 위해 장식하는 것으로 레몬, 오렌지, 올리브, 체리, 파인애플 등이 있다.

▲ 레몬

▲ 오렌지

▲ 올리브

▲ 체리

▲ 파인애플

기내 칵테일 서비스

〈만드는 방법〉

- 플라스틱 컵 또는 Glass(상위 Class)에 얼음 2~3조각 넣는다.
- 칵테일의 베이스(Base)가 되는 술(Liquor)을 1/3 정도 채운다.
- 믹서류(Mixer)를 8부까지 채운다.
- Muddler를 꽂는다.
- Garnish가 필요한 칵테일일 경우 장식한다.

〈서비스하는 방법〉

- 칵테일은 만든 즉시 서비스하는 것이 원칙이다.
- 냅킨과 Nuts를 함께 제공한다.
- 얼음을 넣은 칵테일에는 Muddler를 꽂아 서비스한다.
- 서비스 후 맛이 어떤지 확인해 보고 약하다고 할 경우 Base가 되는 술(Liquor)을 더 첨가하고, 강하다고 하면 Mixer를 더 넣어 맛을 조절한다.
- 승객이 원하는 칵테일이 없을 경우 Recipe를 물어본 후 가능한 경우 만들어 서비스하고, 재료가 없어 불가능할 경우에는 다른 칵테일을 권유하도록 한다.

3) 비알코올 음료(Non-Alcoholic Beverage)

알코올이 함유되지 않은 음료를 말하며 청량감을 더해 주는 청량음료, 우유나 과즙 등의 영양음료, 카페인이 함유되어 있는 커피 및 차와 같은 기호음료로 구분할 수 있다. 기내에 탑재되는 비알코올 음료의 종류는 항공사별로 다르지만 일반적으로 다음과 같다.

(1) 청량음료(Soft Drink)

청량감을 높이기 위해 탄산가스를 첨가한 음료로 차갑게 Chilling하고 얼음을 넣어 서비스한다. 천연 또는 인공감미료를 첨가시킨 것과 천연 과즙에 탄산가스를 첨가시켜 만든 것이 있다. 종류에는 Coke, Sprite, 7up, Soda Water, Ginger Ale, Tonic Water 등이 있다.

▲ 청량음료

(2) 영양음료(Nutritious Drink)

건강에 도움을 줄 수 있는 영양성분이 함유된 음료를 말하며 각종 과일이나 야채를 원료로 하는 주스와 우유 등이 여기에 포함된다.

▲ 영양음료

(3) 기호음료(Coffee & Tea)

영양보다는 그 깊은 향과 맛으로 심신의 여유를 주는 기호충족의 의미가 큰 음료이며 식전이나 식후에 즐겨 마시는 커피류 및 차 종류를 말한다. 커피는 보통 커피와 무 카페인 커피로 나누어지며 차 종류에는 홍차, 녹차, 인삼차, 허브차, 우롱차 등이 있다.

▲ 기호음료

2. 서양식의 이해

기내식은 서양식을 바탕으로 구성되므로 서양식 메뉴 구성에 대한 기본적인 지식을 습득해야 한다. 일등석에서는 Course별로 기내식을 제공하며 비지니스석에서는 Semi-course 방식으로 서비스한다. 일반석 기내식은 'Pre-Set Tray'방식의 한상차림으로 서비스한다.

1) 서양식 메뉴(Menu)의 종류

서양식 메뉴는 모든 Course가 제공되는 Table D'hote, Course 요리 중 자유로이 선택해서 먹을 수 있는 A La Carte, 요리가가 추천하는 Special Menu로 구분된다.

(1) Table D'hote(따블르 도뜨: 정식메뉴)

① Full Course Menu로 일정한 순서대로 미리 짜여져 있다.
② 전채－수프－샐러드－주 요리(생선－샤벳－육류)－디저트－커피/티 순서로 제공한다.
③ 주방장이 선택한 최고의 음식 궁합에 맞추어 제공하기 때문에 질이 우수하다.

(2) A La Carte(알라 까르트: 일품요리)

① 다양한 메뉴 중에 취향대로 자유로이 선택하여 먹을 수 있는 방식을 말한다.
② A LA Carte 메뉴는 품목별로 가격을 정해 놓았기 때문에 단위당 가격이 정식 메뉴에 비해 다소 비싸다.
③ 일반적으로 전채 및 샐러드, 주 요리 한 가지, 디저트를 골라 먹는 것이 좋다.

(3) Special Menu(Chef's Recommendation)

① 제철 식재료를 사용하여 계절적으로 신선한 맛을 느낄 수 있다.

② 주방장이 매일 다른 음식을 추천하여 계절별로 Special Menu를 제공한다.

③ 최고의 음식을 합리적인 구성과 가격으로 맛볼 수 있는 장점이 있다.

2) 서양식 디너(Dinner)의 이해

▲ 서양식 디너 코스(Dinner Course)

(1) 전채요리(Appetizer, Hors D'oeuvre)

① 서양식 정식 순서에서 가장 먼저 제공되는 요리로 양보다는 질을 중요시하며, 장식과 색채가 화려하고 아름다운 것이 특징이다.

② 식욕을 촉진하기 위해 주 요리 전에 가볍게 먹는 요리로 짠맛과 신맛이 타액을 분비시켜 식욕을 돋우는 음식이다.

③ 전채요리는 온도에 따라 차가운 것과 따뜻한 것으로 분류할 수 있다. 차가운 전채요리는 캐비아(Caviar), 푸아그라(Foie Gras), 훈제연어(Smoked Salmon), 생굴(Oyster), 카나페(Canape) 등이 있고, 따뜻한 전채요리에는 키슈 로레인(Quiche Lorraine), 달팽이(Escargot)요리가 있다.

세계 3대 진미

• **캐비아(Caviar)**

세계 3대 진미로 뽑히는 캐비아는 철갑상어 알을 소금에 절여 가공한 것으로 가장 대표적인 전채요리이며 카스피 연안을 중심으로 한 이란산과 러시아산이 유명하다. 지방이 적고 비타민과 단백질 등 몸에 좋은 영양소를 많이 포함하고 있는 식품이다. 보드카나 샴페인을 같이 곁들여 차게 먹는다.

▲ 캐비아(Caviar)

• **푸아그라(Foie Gras)**

▲ 푸아그라(Foie Gras)

프랑스어로 '살찐 간' 또는 '기름진 간'을 의미하는 푸아그라(Foie Gras)는 프랑스에서 각종 연회나 행사 때마다 빼놓지 않고 등장하는 고급요리이다. 일반적인 거위나 오리의 간이 아니라 거위나 오리에게 일정 기간 동안 강제로 사료를 먹여 간의 크기를 크게 만들어 낸 것을 지칭한다. 지방 함량이 높아 맛이 버터처럼 부드럽고 풍미가 높다. 테린(terrine)[1]으로 만들어 빵에 발라 먹거나 비스킷에 얹어 먹기도 하며 강한 불에 양면을 살짝 익힌 뒤 먹기도 한다. 캐비아, 송로버섯과 함께 세계 3대 진미로 꼽는다.

• **송로버섯(Truffle)**

송로버섯(Truffle)은 식용 버섯의 하나로 고급 식재료로 꼽히며, 가격이 매우 비싸서 '땅속의 다이아몬드'라고 불린다. 보통 향미를 증진시키기 위해 스프에 넣어 먹거나, 뇨끼[2]의 재료에 사용되거나 스테이크 위에 올려서 먹기도 한다. 강하면서도 독특한 향을 가지고 있어 소량으로도 음식의 맛을 좌우한다. 특히 푸아그라와 절묘하게 어우러진다.

▲ 송로버섯(Truffle)

---

1) 다양한 재료를 다져 틀에 넣고 식혀낸 후 얇게 썰어 만드는 음식

2) 주로 감자나 세몰리나(semolina) 밀가루 반죽으로 빚어 만든 이탈리아의 덤플링(dumpling)이라 할 수 있으며 우리나라의 수제비와 유사하다.

기타 전채요리

- **생굴(Oyster)**

차가운 전채요리로 신선한 상태가 중요시여겨지는 식재료로 레몬을 끼얹어 먹는다.

▲ 생굴(Oyster)

- **카나페(Canape)**

빵이나 크래커 위에 버터나 크림치즈를 바르고 여러 가지 재료(캐비아, 푸아그라, 훈제연어, 햄, 치즈 등)를 얹어서 다양하게 즐길 수 있다.

▲ 카나페(Canape)

• **훈제연어(Smoked Salmon)**

주로 레몬, 양파, Caper 등과 함께 먹거나 얇은 토스트와 함께 먹는다. 맛이 부드럽고 풍미가 좋다.

▲ 훈제연어(Smoked Salmon)

• **달팽이 요리(Escargot)**

프랑스의 대표적인 요리 중 하나로 식용달팽이로 만든 따뜻한 전채요리이다. 버터와 마늘, 향료를 넣어 만든 요리이며 에스카르고용 전용 포크를 사용하여 먹는다.

▲ 달팽이 요리(Escargot)

(2) 수프(Soup)

① 수프는 육류, 어류, 조류, 채소 등을 고아 낸 국물(Stock)로 만든다.

② 주요리 전에 제공되어 식욕을 돋우고 뒤따르는 음식의 소화를 돕는다. 또한 위벽을 보호하고 알코올에 대한 저항력을 강화해 주는 역할을 한다.

③ 종류에는 맑고 투명한 Clear soup(Consomme 꽁소메)과 전분, 계란 노른자, 생크림이 함유되어 걸쭉한 것이 특징인 Thick Soup(Potage 뽀따쥬)가 있다.

▲ Clear Soup(Consomme 꽁소메)

▲ Thick Soup(Potage 뽀따쥬)

(3) 빵(Bread)

① 빵은 약 알카리성으로 음식 고유의 맛을 즐길 수 있도록 혀를 깨끗하게 하여 이전 음식의 맛을 씻어 주고 각 Course별로 제공되는 음식의 고유의 맛을 느낄 수 있게 한다.

② 빵은 디저트 코스까지 계속해서 제공되기 때문에 처음부터 배부르도록 많이 섭취하지 않는 것이 좋다.

③ Dinner Bread의 종류에는 Hard roll, Soft Roll, Baguette, Rye bread, Garlic bread 등이 서비스되며, Breakfast Bread의 종류로는 Croissant, Brioche, Danish Roll, Muffin 등이 서비스된다.

▲ Hard roll

▲ Baguette

▲ Garlic bread

▲ Croissant

▲ Brioche

▲ Muffin

(4) 샐러드(Salad)

① 알칼리성 식품으로 미네랄과 비타민이 함유되어 주 요리와 조화를 이루는 역할을 한다.

② 유럽에서는 Main Dish와 함께 나오거나 Main Dish 후에 나오고, 그 외 나라는 Main Dish 전에 나온다.

③ 샐러드의 향과 맛을 더해 주는 역할을 하는 드레싱(Dressing)은 식물성 기름과 식초를 주 재료로 하여 여러 가지 양념을 섞어 만든다.

④ 드레싱(Dressing)의 종류에는 오리엔탈 드레싱, French Dressing, Italian Dressing, Thousand Island Dressing 등이 있다.

(5) 주 요리(Main Dish)

주 요리는 Entrée, Starch, Vegetable로 구성되어 있으며 서양 정식 Course요리에서 중심이 된다.

주 요리(Main Dish)의 구성

① **Entrée:** 고기류, 해산물류, 가금류
② **Starch:** 감자, 밥, 파스타 등 탄수화물이 포함된 재료
③ **Vegetable:** 브로콜리, 아스파라거스, 버섯 등 따듯하게 익힌 야채류

① 앙트레(Entrée)

서양식 코스(Course) 중 본격적으로 시작하는 요리로 육류(Beef, Veal, Pork, Lamb), 가금류(Chicken, Duck), 해산물(Fish, Shellfish) 등이 있으며 소스(Sauce)와 함께 제공된다.

스테이크의 굽기 정도

- **레어(Rare):** 약간 구운 것을 말한다. 표면만 구워 중간은 붉은 날고기 상태 그대로이다.
- **미디엄 레어(Medium Rare):** 좀 더 구운 것을 말한다. 중심부가 핑크빛과 붉은색이 섞여 있는 상태이다.
- **미디엄(Medium):** 중간 정도 구운 것을 말한다. 중심부가 모두 핑크빛을 띠는 상태이다.
- **미디엄 웰던(Medium Well done):** 4/5 정도 구운 것을 말한다. 표면에 갈색과 핑크빛이 섞여 있고, 육즙이 조금 있으며 단단하고 탄력이 느껴지는 상태이다.
- **웰던(Well done):** 완전히 구운 것을 말한다. 표면이 완전히 구워지고 중심부도 충분히 구워져 갈색을 띠는 상태이다.

② 녹말류(Starch)

탄수화물이 들어 있는 것으로 감자류(Baked Potato, Mashed Potato), Rice류(Steamed Rice, Fried Rice, Saffron Rice), Pasta류(Ravioli, Macaroni, Egg Noodle) 등이 있다.

▲ Baked Potato

▲ Mashed Potato

▲ Fried Rice

▲ Saffron Rice

▲ Ravioli

▲ Macaroni

③ 채소류(Vegetable)

주 요리에 함께 제공되는 따뜻하게 익힌 야채를 말하며 무기질, 비타민 제공과 함께 다양한 색깔로 시각적으로도 고유한 풍미를 더한다. 주로 아스파라거스, 브로콜리, 당근, Zucchini(서양호박) 등이 있다.

(6) 치즈(Cheese)

① 소, 염소, 물소, 양 등의 동물의 젖에 들어 있는 카세인(Casein)을 뽑아 응고·발효시킨 식품으로 단백질, 지방, 비타민, 칼슘 등이 많이 들어 있는 영양이 풍부한 식품이다.

② 제조 방법, 생산지, 숙성 정도 등에 따라 각 치즈마다 맛과 향이 다르고 각기 고유의 특색을 지니고 있다.

③ 치즈는 프랑스의 까망베르(Camembert), 브리(Brie), 스위스의 에멘탈(Emental), 그뤼에르(Gruyere), 이탈리아의 파마산(Parmesan), 고르곤졸라(Gorgonzola), 네덜란드의 에담(Edam), 고다(Gouda), 영국의 체다(Cheddar) 등이 대표적이다.

치즈 이름	특징
 ▲ 까망베르(Camembert)	프랑스 치즈로 소젖을 사용하여 만들었으며 부드러운 맛과 함께 톡 쏘는 맛이 나며 내부는 노란 빛이고 외부는 흰곰팡이로 덮여 있다.
 ▲ 브리(Brie)	프랑스 치즈로 표면은 흰색의 곰팡이가 덮고 있으며 부드럽고 과일향의 풍미를 가지고 있다. 까망베르(Camembert)와 모양은 비슷하지만 맛이 더 강한 편이다.
 ▲ 에멘탈(Emmenthal)	스위스 치즈로 탄력 있는 조직과 숙성이 진행되면서 탄산가스에 의해 가스구멍인 Cheese eye가 형성되어 있으며 특유의 풍미와 호두 맛이 특징이다.
 ▲ 그뤼에르(Gruyere)	스위스 치즈로 작은 구멍인 Cheese eye가 전체에 흩어져 있다. 에멘탈보다 약간 맛이 강하고 6~12개월 숙성시키며 다양한 요리에 많이 활용된다.
 ▲ 파마산(Parmesan)	이탈리아 치즈로 고소하고 약간 짠맛이 나며 주로 분말로 사용되고 샐러드, 파스타 등과 함께 즐긴다.

치즈 이름	특징
 ▲ 고르곤졸라(Gorgonzola)	이탈리아의 대표 블루치즈로 코를 찌르는 강한 냄새가 난다. 청록색 결이 퍼져 있는 푸른 곰팡이 치즈이다.
 ▲ 에담(Edam)	네덜란드 치즈로 지방 함량이 적고 질감이 부드럽다. 풍미가 진하고 수출용은 붉은 파라핀 왁스를 입혀서 '빨간 공'이라고 불린다.
 ▲ 고다(Gouda)	네덜란드 치즈로 예담 치즈보다 Mild한 경질 치즈이다. 예담 치즈보다 지방이 더 많고 짙은 색상과 진한 풍미가 있다.
 ▲ 체다(Cheddar)	영국을 대표하는 치즈로 양과 소젖을 혼합하여 만든 치즈이다. 누구나 좋아하는 부드러운 맛으로 흰색 또는 노란색이 있다.

Cheese를 즐기는 법

- 치즈는 디저트 전에 먹는다.
- 치즈는 대부분 실온에서 먹어야 그 맛과 향을 제대로 즐길 수 있다.
- 치즈를 자를 때는 치즈 나이프를 각각 사용하여 치즈 종류별로 맛과 향이 섞이지 않도록 한다.
- 치즈는 와인과 조화를 잘 이루며 기내 상위클래스에서 Port Wine과 함께 서비스를 한다.

▲ 상위클래스 치즈서비스

(7) 후식(Dessert)

① 디저트는 프랑스어로 '치우다, 정돈하다'라는 의미를 가지고 있어 디저트가 제공되기 전에는 그 전에 사용하던 Glass, Plate 등을 치우고 디저트를 제공해야 한다.

② 디저트는 식사의 마지막 코스로 식사를 화려하게 장식해 주는 역할을 하며 과일과 Sweet Dish를 포함한다.

③ 디저트의 종류로는 과일, 아이스크림(Ice Cream), 셔벗(Sherbet), 푸딩(Pudding), 수플레(Suffle), 무스(Mousse), 파이(Pie), 젤리(Jelly), 프티 푸르(Petits fours) 등이 있다.

▲ 과일(Fruits)

▲ 셔벗(sherbet)

▲ 푸딩(pudding),

▲ 수플레(Suffle)

▲ 무스(mousse)

▲ 파이(pie)

▲ 젤리(jelly)

▲ petits fours

(8) Beverage & Liqueur

① 식사 후 따뜻한 차나 커피는 일반적으로 소화를 돕는 역할을 한다.

② 주로 식후에 마시는 Liqueur에는 베일리스 오리지널 아이리시 크림(Baileys Original Irish Cream), 깔루아(Kahlua) 등이 있으며 브랜디(Brandy)도 식후주로 많이 애용된다.

3. 기내식의 이해

기내식은 항공사에서 승객에게 제공하는 식사를 말하며 일반식과 특별식(Special Meal)으로 구분된다. 국내항공사의 경우 서양식을 기본으로 하고 다양한 승객들의 니즈를 반영하여 한식, 일식, 현지 메뉴 및 특별식이 제공되기도 한다. 기내식의 종류는 비행노선 및 서비스 시점, 객실 등급에 따라 다르며 기내식 서비스 향상 및 다양한 메뉴 구성을 위해 3~4개월 주기로 변경된다.

1) 기내식의 구분

(1) 서비스 시간대별 식사유형

기내식은 출발지의 현지시간을 기준으로 탑재되며, 식사의 메뉴와 탑재비율은 해당노선의 비행 소요시간, 승객의 국적 분포, 메뉴 선택 시 선호 등의 특성에 따라 메뉴를 선정한다.

시간대	기내식 타입	기내식 코드
04:00~09:00	Breakfast	BRF
09:00~11:00	Brunch	BRCH
11:00~14:00	Lunch	LCH
14:00~17:00	Light Meal	SNX
17:00~22:00	Dinner	DNR
22:00~24:00	Supper	SPR
24:00~04:00	Refreshment	SNX

(2) 비행시간에 따른 기내식 제공

기내식은 비행 소요시간과 노선에 따라 Hot Meal과 Cold Meal로 나누어진다. Hot Meal은 비행 소요시간이 2시간 이상인 국제선에서 따뜻하게 Heating하여 서비스하며, Cold Meal은 비행시간이 2시간 이내인 노선에서 기내식 준비 및 서비스 시간이 충분하지 않기 때문에 Heating하지 않는 샌드위치나 일본식 도시락 등을 제공한다. 그러나 각 항공사의 비행 노선에 따라 Hot Meal과 Cold Meal의 서비스는 상이하다.

비행시간	서비스 횟수
6시간 이내	1회 제공
6시간 이상	2회 제공
12시간 이상	3회 제공

2) 기내식의 구성

(1) 좌석 등급별 기내식

① 일등석 식사(First Class Meal)

일등석의 식사는 최고급 호텔 레스토랑 수준의 정통 서양식 코스별 서비스를 추구한다. 항공사에 따라 전통 한국음식을 제공하고 있으며 First Class에 걸맞은 고급스런 서비스를 제공하기 위해 서비스 기물뿐만 아니라 음료와 와인 선별에도 심혈을 기울이고 있다.

▲ 일등석 기내식

출처: 대한항공 홈페이지.

② 비즈니스석 식사(Business Class Meal)

비즈니스석 식사는 일등석과 일반석의 혼합 서비스인 Semi Course로 서비스 되며 일부 Course는 Presentation 서비스가 이루어진다. 국적항공사에서는 상위 Class 메뉴의 차별화를 위해 한식 메뉴 개발에 힘쓰고 있으며 다양한 종류의 한식과 서양식 및 노선에 따른 고급와인을 제공한다.

▲ 비즈니스석 기내식

③ 일반석 기내식(Economy Class Meal)

일반석에서는 서양식을 기본으로 한상차림(Pre-set Tray)으로 제공하고 있으며, 국적항공사나 한국에 취항하는 일부 외국항공사에서 비빔밥, 쌈밥 등과 같은 한식을 제공하고 있다.

▲ 대한항공 일반석 비빔밥

▲ 아시아나항공 일반식

출처: 대한항공 홈페이지.

(2) 특별 기내식(Special Meal)

승객이 종교, 건강 등의 이유로 일반적인 기내식을 섭취하지 못하는 경우, 개인의 상황에 의해 요구되어지는 경우 및 영유아의 경우 등 승객의 식사 선택에 대한 편의를 높이기 위해 제공되며 항공기 출발 24시간 전까지 주문하면 탑재된다.

① 종교식

종류	약어	특징
Hindu Meal	HNML	• No Beef. • 소고기를 먹지 않는 힌두교도를 위한 식사 • 비야채식의 인도식 식사로 양고기, 해산물, 생선류, 가금류를 사용하며 송아지고기, 소고기를 사용하지 않는다. • 주로 인도계 승객들이 주문을 많이 한다.
Moslem Meal	MOML	• No pork. • 돼지고기를 먹지 않는 이슬람교도를 위한 식사 • 소고기, 가금류, 양고기 등을 회교 율법에 따라 준비하여 사용하며 알코올, 햄, 베이컨, 돼지고기, 돼지고기 부산물이 포함된 것을 사용하지 않는다. • 주로 말레시아인, 중동 및 인도네시아인의 주문이 많다.
Kosher Meal	KSML	• 유대교 신봉자인 유대인 종교 음식. • 유대교 율법에 따라 고유의 전통의식을 치른 후 만들어진 완제품이다. • 금기 식재: 돼지고기가 포함된 음식, 조개류(굴, 새우, 게, 바닷가재 등), 비늘과 지느러미가 없는 생선류. • 식기는 한 번 사용한 것을 다시 씻어 재사용하는 것을 금지하므로 1회용 기물을 사용한다. • Meal Check 시 탑재 여부를 확인하고 포장을 미리 개봉하지 않는다. 먼저 승객에게 주문 여부를 확인한 뒤 Kosher Meal Box의 Sealing된 상태를 보여 주며 Box 개봉에 대한 허락을 득하고 개봉해야 한다. Entrée를 꺼내 Heating 후 Box채로 서비스한다.

② 건강을 위한 식사 조절식

종류	약어	특징
Low Fat Meal	LFML	• 저콜레스테롤, 저지방으로 조리된 것으로 동맥경화, 심장질환 등 성인병 환자용 식사이다. • 기름기가 없거나 제거한 저지방 육류나 생선을 사용하며 끓이거나 구워서 조리한다.
Low Calorie Meal	LCML	• 체중조절을 위한 열량을 제한한 식사로 고섬유질, 저지방 육류와 유제품, 과일, 야채로 구성된 식사이다.
Low Protein Meal	LPML	• 저단백식으로 생선류, 가금류를 포함한 육류, 계란 및 유제품 등 단백질 식품을 1일 단백질 섭취량 40% 이하로 제한한 식사이다.
Blend Meal	BLML	• 소화 장애 환자 또는 수술 후 회복기에 있는 환자에게 제공되는 식사로 데치거나 끓여서 부드럽게 조리하여 만든다. • 저지방 음식과 위에 부담이 적은 섬유질, 자극적이지 않은 양념을 사용한다.
Low Sodium Meal	LSML	• 간장 및 소금의 식재료 사용을 제한한 염분조절식이다. • 간 질환, 고혈압, 신장병이 있는 승객을 위한 식사이다.
Diabetic Meal	DBML	• 당뇨병 환자용 식사이다. • 설탕, 꿀 등의 사용이 금지되어 있고 고섬유질 식재료를 이용하며 저지방유제품을 사용한다.
Gluten-Free Meal	GFML	• 글루텐 민감성 승객을 위한 식사이다. • 밀, 호밀, 보리, 귀리 등 글루텐 함량이 높은 식재료 사용을 제한한다.
Liquid Diet Meal	LDML	• 유동식, 수술 후 회복기에 있거나 삼키거나 씹는 기능에 문제가 있는 승객을 위한 식사이다. • 미음, 주스, 요거트류, 액상 형태의 유동식 제품 등을 제공한다.
Low Lactose Meal	NLML	• 유당 알레르기가 있는 승객을 위한 식사이다. • 유당을 함유하고 있는 모든 형태의 유제품(우유, 크림, 분유)을 엄격히 제한한다.

③ 야채식

종류	약어	특징
Vegetarian Vegan Meal	VGML	• 엄격한 서양채식 식사이다. • 생선류, 가금류를 포함한 모든 육류와 동물성 지방, 젤라틴, 유제품 및 달걀을 사용하지 않는다. • 과일류, 야채류, 곡류와 식물성 기름이 주로 사용된다.
Vegetarian Lacto -Ovo Meal	VLML	• VGML과 유사한 서양채식 식사이지만 달걀 및 유제품의 사용이 가능하다
Vegetarian Oriental Meal	VOML	• 동양식 채식 식사이다 • 생선류, 가금류를 포함한 모든 육류와 계란, 유제품을 포함하는 모든 동물성 식품을 사용하지 않으나, 마늘, 생강, 양파 등의 뿌리 식품은 사용이 가능하다.
Vegetarian Hindu Meal	AVML	• 인도 채식 식사이다. • 유제품은 사용 가능하지만 생선류, 가금류를 포함한 모든 육류와 달걀을 사용하지 않는다.
Vegetarian Jain Meal	VJML	• 엄격한 인도 채식 식사이다. • 생선류, 가금류를 포함한 모든 육류와 계란, 유제품을 포함하는 모든 동식물 식품 및 양파, 마늘, 생강 등의 뿌리 식품을 사용하지 않는다.
Raw Vegetarian Meal	RVML	• 생야채, 생과일 및 생야채 주스를 포함하며 방부제 함유 Item, 카페인 성분 음료, 중독성 가공 식품은 포함하지 않는 채식 식사이다.

▲ VG Meal

④ 유아식 및 아동식

종류	약어	특징
Infant Meal	IFML	• 12개월 미만 영아의 식사로 아기용 주스, 액상분유가 제공된다.
Baby Meal	BBML	• 12개월~24개월 미만의 유아용 식사로 아기용 주스, 이유식이 제공된다.
Child Meal	CHML	• 만 2세 이상~ 12세 미만의 아동에게 제공되는 식사로 햄버거, 스파게티, 오므라이스, 치킨너겟, 피자, 짜장면 등으로 구성되어 있으며 항공사별로 메뉴가 상이하다.

⑤ 기타 특별식

종류	약어	특징
Seafood Meal	SFML	• 해산물 및 생선을 주 재료로 한 식사이며 곡류, 야채류, 과일류와 함께 제공된다.
Fruit Platter Meal	FPML	• 신선한 과일로만 구성된 식사이다.
Allergy-Free Meal	SPML	• 특정 식재료의 알레르기 반응이 있는 승객에게 해당 식재료를 제외한 식사가 제공된다.

SPML(Special Meal) 서비스 방법

① 비행 전 담당승무원은 기내식 담당 지상 직원과 Special Meal의 종류, 수량을 확인하고 탑재내역을 객실사무장에게 보고한다.
② SPML 요청 승객이 탑승 후 S.H.R 상의 SPML의 종류, 좌석번호, 이름 등 주문내역을 확인한다.
③ 서비스의 혼란을 방지하기 위해 SPML Tag을 승객의 Headrest Cover에 부착한다.
④ SPML은 식사서비스 시 일반식보다 우선적으로 서비스한다.

달걀 요리(Egg Dish)의 종류

- 오믈렛(Omelette)
- 스크램블 에그(Scrambled Egg)
- 달걀 프라이(Fried Egg)
  - Sunny Side Up: 한쪽만 익힌 것
  - Over Easy: 양쪽 모두 살짝만 익힌 것
  - Over Hard: 완전히 익힌 것
- 수란(Poached Egg): 끓는 물에 식초를 넣고 달걀을 넣어 약 3~5분 정도 동안 익혀서 건져 낸 것이다.
- 삶은 달걀(Boiled Egg): 삶은 달걀은 익힌 정도에 따라 Soft Boiled, Medium Boiled, Hard Boiled Egg로 구분한다.

▲ 상위 Class 기내식(오믈렛)

4. 기내식음료 서비스의 원칙

1) 주문 시 서비스 원칙

- 승무원은 식 · 음료 서비스 시 해당 편에 제공되는 식사메뉴, 음료의 내용을 충분히 숙지하고, 승객의 기호와 취향에 맞도록 추천하도록 한다. 서비스 시 가급적 외래어나 전문용어 사용은 피하며 승객이 이해하기 쉽게 설명한다.
- 서비스 Cart에 준비되지 않은 식 · 음료를 주문받았을 때는 승객의 좌석번호와 주문내용을 메모지에 작성하고 승객이 원하는 물품을 신속, 정확하게 제공한다.
- 준비시간이 오래 걸리는 식 · 음료를 주문받을 때는 반드시 예상 소요시간을 알려 드리고, 승객의 주문사항을 즉시 제공하지 못할 때에는 그 이유를 설명하고 기다리도록 양해를 구한다.

2) 서비스 제공 시 원칙

- 뜨거운 식 · 음료는 뜨겁게, 차가운 식음료는 차갑게 서비스한다.
- 뜨거운 식 · 음료는 Aisle 쪽 방향에서 따르고 제공 시 화상에 주의하도록 안내한다.
- 식 · 음료를 서비스할 때, 항상 승객에게 일사일언(一事一言)한다.
- 창 측 승객부터 먼저 주문받고 제공한다.
- 남녀 승객이 같이 앉아 있을 경우는 여자 승객에게 먼저 주문받고 먼저 제공한다.
- 어린이 동반 승객의 경우는 어린이 승객에게 먼저 주문받고 먼저 제공한다.

- 노인 승객이 같이 앉아 있을 경우에는 노인 승객에게 먼저 주문받고 먼저 제공한다.
- 식·음료를 제공하기 전에 먼저 승객의 테이블을 펴 드린다.
- 창 측 승객에게는 양해를 구해 승객이 직접 테이블을 펴도록 권유한다.
- 식·음료를 제공할 때에는 주문한 내용을 확인하여 착오가 없도록 한다.
- 승객과 마주 보았을 때 왼쪽 승객에게는 왼손으로, 오른쪽 승객에게는 오른손으로 제공하되, 무겁거나 뜨거운 것을 제공할 때는 편한 손으로 제공해도 무방하다.
- Cart로 서비스할 때를 제외하고 모든 서비스 Item은 Tray Mat을 깐 Tray에 준비하여 제공한다.
- 모든 서비스 Item은 앞면과 로고가 승객의 정면에 오도록 한다.
- Main Dish가 승객 앞쪽(안쪽)으로 놓이도록 서비스하고, Tray가 승객의 머리 위를 지나가서는 안 된다.
- Meal Tray를 겹치거나 포갠 상태로 승객에게 제공하지 않는다.
- 창 측 또는 안쪽 승객에게 서비스 시, 통로 측 승객의 자리를 침범하게 되는 경우 양해를 구한다.
- 음식을 담는 부분에 손이 닿지 않도록 하고, Cup을 승객에게 건넬 때에는 잔의 하단부분을 잡는다.
- 음료는 승객의 오른쪽에 서비스하고, Nuts는 음료 왼쪽에 놓는다.
- 음료는 잔의 7~8부를 제공한다.
- 뜨거운 음료를 제공할 때는 승객 테이블에 놓아 드리는 것을 원칙으로 한다.
- 잔에 Ice Cube를 넣을 때는 Ice Cube를 먼저 넣고 음료를 그 위에 따른다.
- Y/CLS의 경우, Meal Tray 위에 제공할 때를 제외한 모든 음료 제공 시 Cocktail Napkin을 받쳐 제공한다.
- Y/CLS Meal 서비스 시 진행되는 Coffee/Tea 서비스일 경우, Tray를 이용하

여 승객이 직접 집도록 안내한다.

- 승객이 서비스 Item을 떨어뜨렸을 때에는 먼저 동일한 새 서비스 Item을 제공하고 떨어진 서비스 Item은 Towel이나 Cocktail Napkin을 사용하여 집어 올린 후 즉시 Galley로 가서 치운다.

일사일언(一事一言)이란?

- 하나의 사물에 하나의 말이라는 뜻으로 서비스 시 '일사일언(一事一言)'은 서비스 Item을 승객에게 제공할 때마다 친절하게 안내하며 서비스하라는 뜻이다.
- 승객이 오렌지 주스를 요청한 경우, 승객에게 오렌지 주스를 건네며 "손님 말씀하신 오렌지 주스입니다. 맛있게 드십시오"라고 '일사일언(一事一言)'한다.
- 좋은 서비스는 친절한 말과 행동에서 나온다. '무언'의 서비스는 금물이다. 항상 '일사일언(一事一言)'을 잊지 말자.

3) 회수 시 서비스 원칙

- 회수는 제공한 Flow와 동일한 Flow로 회수하는 것을 원칙으로 하되, 승객이 요구할 때는 먼저 회수하며 식사가 일찍 끝난 승객에게는 승객의 의향을 물어 먼저 정리해 드린다.
- 식 · 음료 회수 시에는 승객의 취식 만족도를 확인하고 반드시 회수 여부를 물어본 다음에 회수한다.
- 통로 측 승객부터 회수하되, 창 측 승객이 먼저 끝난 경우에는 통로 측 승객에게 양해를 구하고 회수한다.
- Meal Cart를 이용한 Tray 회수 시 상단부터 넣는다. Meal Tray 회수 시 Tray는 한 번에 한 개씩 회수하며 승객 앞에서 포개어 회수하지 않는다. 단 회수된 Meal Tray를 운반하는 경우에는 예외로 한다.

- Y/CLS의 경우 Used Item 개별 회수 시 Tray를 이용한다.
- 회수 시 Tray의 방향은 Aisle과 평행이 되도록 긴 쪽을 잡고, Tray를 Aisle 쪽에 위치하여 회수한다.
- Tray 회수 시 회수한 Item은 몸의 가까운 쪽부터 놓는다.
- 무거운 것이나 부피가 큰 것은 몸 쪽으로 놓는 것이 안전하다.
- Y/CLS에서는 Meal Cart 상단에 Towel(Refreshing/Cotton, Paper)을 준비하여, 필요한 경우 승객 테이블을 닦아 드린다.

승객 개인 휴대 음식 지침사항

- 승객 개인 휴대 음식은 승객이 보관과정에서 변형, 변질 또는 위생관련 문제가 발생할 수 있고 취식 시 냄새 및 소음발생으로 주변승객에게 불편을 끼칠 수 있어 원칙적으로 기내에서 취식은 불가하다.
- 단 다음 사례에 한해 예외적으로 허용된다.
  - Ready Made 제품으로 변질 우려가 없고 개별 포장되어 있어 취식 시 인접 승객에게 냄새로 인한 불쾌감을 유발하지 않는 음식(과자, 초콜릿, 캔디류 등)
  - 유아용으로 준비한 Meal 또는 액상 분유를 데우거나, 분유 제조용으로 Hot Water 제공 가능
  - SPML을 요청했으나 탑재되지 않은 경우 및 승객이 건강상의 이유로 당사에서 제공하는 SPML을 취식하지 못하는 경우
- 승객이 개인 음식 또는 약품을 냉장 보관해 달라고 요청하는 경우 원칙적으로 불가하나, 당뇨병 환자를 위해 특별히 제작된 Pen Type의 인슐린은 보관상 파손위험이 없으므로 냉장고 및 Ice Drawer를 이용하여 보관이 가능하다.

Worksheet

1. 제조방법에 따른 알코올 음료의 분류에 대해 설명해 보세요.

2. 마시는 시점에 따른 알코올 음료의 분류에 대해 설명해 보세요.

3. 양조방법에 따른 와인의 분류에 대해 설명해 보세요.

4. 보드카의 특징에 대해서 설명해 보세요.

5. 칵테일의 구성요소 3가지를 설명해 보세요.

6. 서양식 디너 Course 순서에 대해서 설명해 보세요.

7. Kosher Meal의 서비스 방법을 설명해 보세요.

8. HNML로 표기된 기내식이 탑재되었을 때, 어떤 식사를 의미하는지 설명해 보세요.

9. Blend Meal의 특징을 설명해 보세요.

Chapter

06

기내서비스 업무 절차

학습목표

1. 비행 전 준비 업무를 이해할 수 있다.
2. 이륙 전 업무 절차를 이해할 수 있다.
3. 이륙 후 업무 절차를 이해할 수 있다.
4. 착륙 전 업무 절차를 이해할 수 있다.
5. 착륙 후 업무 절차를 이해할 수 있다.

Chapter 06

기내서비스 업무 절차

1. 비행 전 준비 업무

비행 전 준비 업무는 객실승무원이 항공기 탑승 전에 수행해야 할 모든 준비 업무를 말한다. 출근, 용모 복장 점검, Show-Up, Briefing 준비, 객실 Briefing, 합동 Briefing 등의 절차를 포함한다. 특히 국제선 비행 준비를 할 때는 비행정보 및 해당 Station 정보, 서비스 순서, 기내식 정보 등을 파악해야 한다.

비행 전 준비 절차

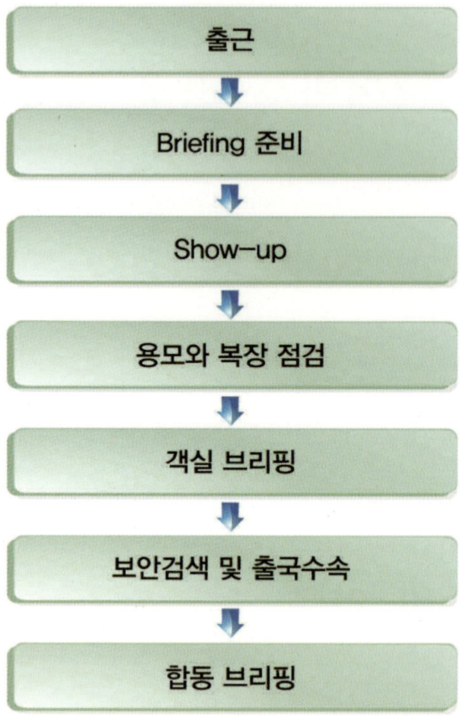

1) 출근

객실승무원은 비행기의 출발시간이 정해져 있고 정시성이 중요시되기 때문에 시간관리를 철저히 해야 하고, 교통 혼잡 등을 고려하여 충분한 시간을 가지고 출근해야 한다. 유니폼을 착용하고 출근할 경우 회사에서 정한 용모복장을 갖추도록 한다. 해외체류를 하는 국제선 비행을 준비할 때는 목적지 날씨와 일정에 맞게 개인 여행 용품을 준비하도록 한다.

승무원 필수 휴대품

- 여권 및 비자
- ID Card(직원 신분증) & 승무원 등록증
- Cabin Operation Manual(안전 및 서비스 관련 규정집, 방송문)
- 출입국 및 기타 비행에 필요한 서류
- Timetable, Memo Pad
- 기타 개인 휴대품으로 지정된 물품(필기구, 앞치마, 기내화, 시계 등)
- 비행 일정에 따른 개인 여행 용품

2) Briefing 준비

객실승무원은 객실브리핑에 참석하기 전 탑승노선에 대한 비행정보 및 공지사항을 미리 준비해야 한다. 최근 업데이트된 공지사항 및 비행정보, 비행필수 휴대품 등을 확인한다. CPS(Crew Portal System)를 통해 각자의 Duty와 서비스 담당구역을 확인하고 브리핑에 참석하도록 한다.

브리핑 전 준비사항

- 해당 편 비행정보(비행일정, 비행시간, 목적지 정보, 해당기종 특성 및 Door 작동법 등)
- 승무원 명단 및 할당된 Duty
- 최근 업무지시 및 공지사항
- 해당 비행에 필요한 서류 점검
- 비행 필수휴대품 확인

3) Show-Up

Show-Up이란 객실승무원이 비행을 위해 비행준비를 완료하고 Show-Up List에 서명하는 것을 말한다. Show-Up 방식은 항공사마다 차이가 있으며 국내 항공사의 경우 브리핑 전에 단말기에 본인의 출근여부를 입력하거나 Show-Up List에 서명하는 방식이 있다. Show-Up은 반드시 본인이 해야 하며 정해진 시간보다 30분~1시간 일찍 출근하여 여유 있게 준비하는 것이 바람직하다.

4) 용모와 복장 점검(Appearance Check)

객실승무원은 비행 근무에 임하기 전 유니폼과 구두의 청결상태 및 메이크업, 헤어스타일, 네일 상태를 점검한다. 또한 앞치마의 구김상태를 확인하여 필요한 경우 다림질을 하고 비행 중에도 청결하고 단정한 용모 복장을 유지하기 위하여 수시로 점검하도록 한다.

5) 객실 브리핑(Cabin Briefing)

객실 브리핑은 정해진 시간에 지정된 Briefing Room에서 객실사무장 주도하에 실시하고, 비행근무에 필요한 필수 휴대품을 완비한 상태여야 한다. 브리핑 시간은 항공사마다 상이하며 해외 스테이션(station)에서도 해외체재 지정 숙소인 호텔에서 픽업(Pickup)전에 진행된다.

객실 브리핑 내용

- 비행 준비 점검
  - Crew List 및 Duty 확인
  - 용모 및 복장확인
  - 필수 휴대품 소지 여부 확인
  - 비행에 필요한 서류 작성 및 확인
- Flight Information
  - 항공기 기종 및 해당 편 출발/도착시간,
  - 탑승객 예약사항(VIP, CIP, SPML, Special Care 승객)
  - 노선 관련 서비스, 서비스 변경사항 및 공지사항 확인
- Safety Information
  - 안전 관련 업무지시, 해당 기종의 비상장비 및 보안장비, Slide 변경절차, 비상처리 절차

6) 보안검색 및 출국수속

공항청사 도착 후 필요한 경우 항공사 직원 전용 카운터에서 Flight Bag을 제외한 Crew Baggage에 Crew Tag을 부착하여 체크인 한다. 이후 보안검색 및 출국심사(Immigration)를 거쳐 항공기에 탑승한다.

▲ 탑승수속을 위해 이동 중인 승무원

7) 합동 브리핑(Cockpit Briefing)

합동 브리핑은 비행 전 해당 항공 편 기장 주관하에 모든 운항승무원과 객실승무원이 참석하여 실시한다. 합동 브리핑 시간과 장소는 항공사별로 상이하며 회사 내 정해진 장소, 항공기 Gate 입구, 객실 전방 등에서 이루어진다.

합동 브리핑 내용

- 운항 관련 정보(비행시간, 항로, 운항고도, 운항속도, 목적지 및 비행 중 기상 상태 등)
- 승객 탑승 현황
- 화물 탑재 현황
- 조종실 출입 절차 재확인
- 비상절차 및 보안 관련 유의사항
- 기타 협조사항

비행중요단계(Sterile Cockpit)란?

- 비행중요단계(Sterile Cockpit)란 고도 10,000피트 이하에서 운항하는 모든 비행(Taxing, Approach, Landing)을 의미한다.
- 이 단계에서는 운항 승무원의 업무에 방해되는 객실승무원의 어떠한 행위도 해서는 안 된다. (원칙적으로 조종석에 인터폰 사용을 금지하지만 객실준비의 지상이동 전, 항공기 이륙 전 보고는 실시해야 한다.)
- 단, 객실승무원은 비정상상황이 발생하여 항공기 안전운항에 지장을 초래한다고 판단되는 경우 비행중요단계에서도 연락을 취할 수 있다.

Critical 11 Minutes란?

- 항공기 사고의 대부분은 마(魔)의 11분에 일어난다고 한다.
- 미국에서 일어난 비행기 사고에 대하여 한 기관에서 일정 기간 조사하고 분석한 결과 전체 항공기 사고 78%가 이륙 후 3분, 착륙 전 8분을 합친 11분 사이에 가장 많이 발생한다고 밝혔으며 이 시점을 'Critical 11 Minutes(마의 11분)'이라고 부른다.

2. 이륙 전 업무

이륙 전 업무 절차

항공기 탑승 및 기내 휴대품 정리

↓

Pre-Flight Check

↓

Ground 서비스 준비

↓

승객탑승

↓

Ground 서비스

↓

Ship Pouch 인수

↓

Door Close 및 Slide Mode Check

↓

Welcome Announcement & Greeting

↓

Safety Demonstration

↓

이륙준비 및 승무원 착석

1) 항공기 탑승 및 기내 휴대품 정리

객실승무원은 항공기 탑승 후 Flight Bag을 먼저 정리한다. 우선 기내화로 갈아 신고 기내서비스에 필요한 앞치마, 개인 화장품 파우치 등을 꺼내 Galley 주변의 Compartment에 보관한다. Flight Bag의 보관위치는 각 Zone의 최후방 좌석 밑, Coatroom, Overhead Bin이다. Overhead Bin에 보관했을 경우 해당 좌석 승객 탑승 시 승객의 휴대수화물 보관 장소를 안내하도록 한다.

2) Pre-Flight Check

객실승무원은 각자 배정된 Duty에 따라 담당구역의 비상장비 및 보안장비를 점검한 후 객실사무장에게 PA를 통해 보고한다. 사무장은 Zone별 점검 결과를 종합하여 장비, 시스템, 설비상의 문제점이 있을 경우 담당직원 및 기장에게 통보하고 즉각적인 조치가 이루어질 수 있도록 한다.

(1) 비상 및 보안장비 점검

객실승무원은 객실 브리핑 시 항공기 도해도상의 해당 편 기종별 비상 및 보안 장비의 위치를 미리 파악하여 Pre-Flight Check 시 신속하고 정확하게 점검하여야 하고 Pre-Flight Check List는 항상 숙지하고 있어야 한다.

비상장비 및 보안장비 점검 품목

- **일상 안전장비:** 승객 브리핑 시연 장비, 비상구 주변 점검(Slide Mode 상태, Locking 상태), PA, 인터폰, Jump Seat 등
- **화재 진압 장비:** Halon 소화기, H_2O소화기, PBE, Smoke Detector 등
- **의료 장비:** FAK(First Aid kit), EMK(Emergency Medical Kit), AED(Automated External Defibrillator), PO_2Bottle 등
- **비상탈출 및 착수 장비:** Flash Light, Cabin Light, Emergency Path Light, Crew Life Vest, Life Vest, Infant Life Vest, Life Raft(탑재기종에 한함), Survival Kit(탑재기종에 한함), 메가폰, ELT(Emergency Locates Transmitter) 등
- **보안장비:** 비상벨, 방폭담요, 방탄자켓, 수갑 및 Tie Wrap, 포승줄, 가스분사기, 테이저 건(Taser gun) 등

▲ 비상 및 보안장비 점검

(2) 승객좌석 및 객실 점검

원활한 서비스를 제공하기 위한 승객좌석 및 객실 점검은 승객의 편의를 도모하고 고객만족에 영향을 미치는 사항이므로 세심하게 확인해야 한다. 점검 후 이상 상태를 보고하여 이륙 전에 반드시 해결할 수 있도록 조치를 취해야 한다.

객실 설비 점검사항

- Communication 시스템: PA상태 점검
- 객실조명 시스템: 객실사무장은 객실조명을 단계별로 조절하여 이상 유무 확인
- Galley: 오븐, 커피메이커, 냉장고, Water Boiler 등 작동여부 확인
- Lavatory: 화장실 청결상태(Toilet Bowl, Mirror, Water Basin, Floor), 설비의 작동유무(Smoke Detector, Call Button, Flushing), 유해물질 탑재 여부 확인
- Entertainment 시스템: Monitor와 Screen 작동상태 확인

▲ Overhead bin 점검

▲ Lavatory 점검

(3) 객실 청소상태 점검

객실승무원은 담당 구역별로 지상 조업원이 실시한 기내청소 작업 상태를 점검하여 이상 발생 시 객실사무장에게 보고한다. 객실사무장은 지상서비스 직원으로부터 인계받은 기내청소 점검표의 점검항목별 이행여부를 확인하고 상태에 따라 Re-Cleaning을 요청할 수 있다.

▲ 객실 청소상태 점검

(4) Catering 품목, 수량 및 상태 점검

Cart, Carrier Box 외부에 명시된 품목과 수량의 일치 및 해당 편에 필요한 기내 식음료와 서비스 기물, 용품 등이 충분히 실렸는지 확인하여 객실사무장에게 보고 한다.

Catering 품목, 수량 및 상태 점검

- **기내식:** Meal Entrée와 Tray 개수 확인, Special Meal 탑재확인
- **기내 음료의 수량 및 상태 점검:** 커피, Tea, Soft Drink, 각종 주스, 우유, 생수, 주류 등
- **서비스 기물의 탑재 및 상태 점검:** Coffee Pot, Ice Bucket, Basket, Service Tong류, Tray 등
- **서비스 용품의 탑재 및 상태 점검:** Paper Cup, Plastic Cup, Muddler, Paper Napkin, Tray Mat, Cream, Sugar, Menu Book, Giveaway, 잡지, 신문 등
- **기내판매 면세물품 인수 및 품목과 수량 확인**

▲ 탑재된 Cart, Carrier Box

3) Ground 서비스 준비

비상 보안 장비점검과 서비스용품 탑재 점검이 일차적으로 끝나면 객실승무원들은 지상에서 제공될 서비스 준비를 하게 된다. 항공사마다 서비스 내용이 다르지만 대부분의 항공사들은 일반석에서 신문 · 잡지서비스를 하고, 상위클래스에서는 Welcome Drink, 신문 · 잡지 서비스, Amenity Kit를 서비스한다.

(1) 신문 · 잡지서비스

- 항공기 탑승구 바깥 Air-Bridge 접속 부분이나 Step Car 상단에 Setting하며, Serving Cart 상단에 국적신문, 하단에 영자신문 및 기타신문을 배치한다.
- 잡지는 한글 및 영자주간지, 계간지, 월간지 등이 탑재되며 각 Zone별로 설치되어 있는 Magazine Rack에 잡지의 제호가 보이도록 가지런히 Setting한다.

(2) 화장실 용품 Setting

- 해당 Class 및 비행구간에 맞는 화장실 용품을 Lavatory내 Holder 안에 깔끔하게 Setting하고 화장실 내 청결 상태(Mirror, Floor 포함), Flushing, Drain 내 물 빠짐 상태, 물비누 유무를 확인한다.
- Roll Paper의 끝부분은 깔끔하고 정돈된 느낌이 들도록 삼각형으로 접어주며 Paper Towel, Facial Tissue는 사용하기 편리하게 뽑아 놓는다.

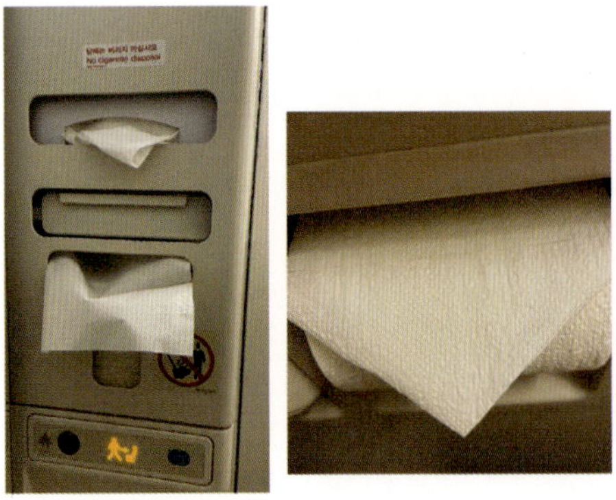

▲ 화장실 용품 Setting

▲ 상위클래스 화장실 용품 Setting

(3) 기내 서비스 준비

- 탑재된 기물과 서비스 용품을 용도에 맞게 정리하여 보관한다.
- 차갑게 제공되어야 하는 음료는 Dry Ice를 이용하여 Chilling하고 냉장고가 설치된 항공기의 경우 냉장고에 넣어 보관 한다. Dry Ice로 Chilling 시 화상을 입지 않도록 반드시 면장갑을 착용하고 지나친 Chilling으로 인해 음료가 얼지 않도록 주의한다.
- Air Show, Boarding Music 작동상태를 점검한다.

(4) 승객 탑승 준비

- 객실승무원은 승객 탑승 전 Self Image Check를 통해 헤어, Make-up, 유니폼 상태가 단정한지 확인한다.
- SHR상의 승객 정보를 공유하여 승객탑승 시 확인해야 할 상황을 메모해 둔다.
- Overhead Bin은 승객의 원활한 탑승과 수화물을 용이하게 보관할 수 있도록 열어 둔다.
- 객실의 모든 준비가 완료되면, 객실사무장은 기장에게 탑승완료 준비를 보고한 후 탑승승인을 득한다.
- 지상직원에게 탑승시작을 알려 주고 전 승무원은 담당 Zone에서 대기한다.
- 승객 탑승 전 Boarding Music을 켜고 은은하게 들리도록 Volume을 조절한다.

4) 승객탑승

승객탑승 시점은 통상적으로 국제선의 경우 운항 기종에 따라 항공기 출발 30~40분 전, 국내선은 출발 20분 전에 시작된다. 승객 탑승이 시작되면 승무원은 각자의 Boarding Position에서 환영인사를 하고 좌석안내, 휴대수하물 정리를 지원한다. 탑승순서로는 도움이 필요한 승객이 가장 먼저 탑승한다. 일등석(First Class), 비즈니스석(Business class) 승객의 경우 전용 탑승구가 있으면 이곳을 이용하고, 전용 탑승구가 없는 경우 일등석(First Class), 비즈니스석(Business class), 일반석(Economy Class) 순으로 탑승한다.

▲ 승객 탑승

(1) 환영인사 및 좌석 안내

- 객실사무장과 Boarding Duty 승무원은 주 탑승구(L1, L2)에 위치하여 승객 탑승권의 출발일자, 편명, 좌석번호를 확인하고 L side와 R side로 신속하게 안내한다.
- 객실승무원은 해당 Duty에 부합하는 Boarding Position의 Door나 Aisle에서 승객들에게 밝은 표정으로 환영인사를 하고, 승객좌석을 안내하며 휴대수

화물을 적절한 장소에 보관하도록 도와준다. Aisle에서 좌석안내를 하는 경우, 승객 좌석에 손을 올리거나, 기대지 않는다.

- 어린이나 노약자, 유아동반 승객, 거동이 불편한 승객에게는 적극적으로 안내해야 한다.
- 비상구 좌석에 앉은 승객에게는 비상구 좌석에 대한 브리핑을 하고, 이상이 있을 경우 객실사무장에게 보고하여 조치하도록 한다.

▲ Boarding Position

승객탑승 Priority

Stretcher 승객 → UM, 휠체어 승객, 시각/청각 장애인 승객, 호송죄수 등 운송제한 승객 → 노약자 및 유아동반 승객 → VIP, CIP → First Class 승객 → Business Class 승객 → Economy Class 후방 승객 → Economy Class 전방 승객

Special Care 승객

- **Stretcher 승객:** 고객의 안전하고 편안한 항공여행을 위해 기내에서 앉은 자세로 여행할 수 없는 승객을 대상으로 의료용 침대(Stretcher)를 제공하는 서비스이다. 운임은 정상운임의 6배(단, 제주 노선의 경우 정상운임의 3배)이며 동반 1인에 한하여 무료이다.
- **UM(Unaccompanied Minor):** 혼자 여행하는 어린이가 출발지 공항에서 탑승권을 받는 순간부터 도착지 공항에서 보호자를 만나기까지 안전하게 여행할 수 있도록 도와드리는 서비스이다. 대상은 만 5세 이상~ 만 11세 이하(국내선은 만 12세 이하) 어린이가 이용할 수 있다.

▲ UM 서비스

- **Wheelchair 승객:** 질병, 장애, 고령 등 신체적, 건강상의 이유로 거동이 불편한 고객에게 휠체어를 제공하는 서비스이다. 탑승 수속부터 탑승까지 전담 직원이 보조하며 도착 후, 터미널 내 도착장까지 이동을 도와준다. 항공기에는 기내 전용 휠체어(On-board Wheelchair)가 탑재되어 있어 담당승무원은 미리 정보를 제공하고 필요시 해당승객은 승무원에게 요청하도록 한다.
- **시각/청각 장애인 승객:** 시각/청각 장애인 고객의 편리하고 안전한 여행을 위해 지상 직원이 안내해 드리고, 필요시 인도견과 함께 추가요금 없이 기내에 동반 탑승할 수 있다. 혼자 탑승하는 경우 객실승무원은 탑승안내부터 객실시설 사용법까지 안내해야 한다.

탑승권 확인 방법

1. 밝은 표정으로 승객에게 인사한다.
   → 안녕하십니까? 어서 오십시오.

2. 승객 눈을 보며 탑승권을 요청한다.
   → 탑승권 확인하겠습니다. 탑승권 보여 주시겠습니까?

3. 탑승권 확인(편명, 날짜, 좌석번호) 및 좌석을 안내한다.
   → 손님 좌석은 23번 A 좌석입니다. 오른쪽 통로 이용해 주십시오.

운송 거부 가능한 승객

- 탑승권 미발급, 미소지 승객
- 비상구 열 좌석 착석 제한에 대한 지시를 거부한 승객
- 신체장애로 인해 비상구 열에 착석해야 하는 승객
- 항공기 운항을 방해하거나 다른 승객 또는 승무원을 위해하는 경우
- 기타 탑승 시 제반 업무를 위반하여 탑승할 수 없는 승객
- 위와 같은 해당 승객이 하기를 거부할 경우, 객실사무장은 기장에게 알리고 공항경찰에게 승객 하기를 위한 업무 협조를 요청한다.

비상구 열 좌석 배정 불가 승객

- 15세 미만이거나 동반자의 도움 없이 탈출구 여는 동작을 할 수 없는 승객
- 글 혹은 그림의 형태로 제공된 비상탈출에 대한 지시를 읽고 이해하지 못하거나 승무원의 구두지시를 이해하지 못하는 승객
- 다른 승객들에게 정보를 적절하게 전달할 수 있는 능력이 부족한 승객
- 일반적 보청기를 제외한 다른 청력 보조장비 없이는 승무원의 탈출지시를 듣고 이해할 수 없는 승객
- 비상구 열 좌석규정을 준수할 의사가 없는 승객

비상구 열 좌석 승객의 임무

- 비상구 외부 상황 파악
- 화재, 연기, 탈출, 방해물이 있을 때 다른 탈출구로 유도
- 외부 상황 이상 없을 때 승무원의 구두신호에 의해 비상구를 개방
- 비상구 주변 장애물 제거
- 먼저 안전하게 탈출 후 다른 승객들의 탈출 보조
- 탈출한 승객을 기체 폭발에 대비해 안전한 지점으로 대피하도록 안내

▲ 비상구 열 좌석

좌석 중복 배정 승객 응대 방법

- 각 승객의 탑승권에서 날짜, 편명, 이름, 좌석번호를 확인하고 불편을 드린 점에 대해 정중히 사과한다.
- 나중에 탑승한 승객은 Jump seat 주변에 대기할 수 있도록 안내하고 객실사무장에게 보고한다.
- 객실사무장은 지상지원에게 좌석재배정을 요청한다.
- 담당승무원은 재배정한 좌석으로 승객을 안내한다.
- 좌석에 여유가 있는 경우 나중에 탑승한 승객을 선호 좌석으로 안내한다.
- 마지막으로 불편을 드린 점에 대해 한 번 더 정중히 사과한다.

(2) 승객 수화물 안내

- 객실승무원은 승객 탑승 시 승객의 짐을 적정 장소에 보관할 수 있도록 적극적으로 안내한다. 외견상 도움이 필요하다고 판단되는 승객이나 도움을 요청하는 승객에게는 짐을 올리거나 옮기는 등의 직접적인 도움을 준다.
- 승객의 기내 반입 휴대수하물은 승객이 직접 관리해야 하며, 분실이나 파손의 책임은 승객에게 있다.
- 휴대수하물 중 가벼운 물건이나 자켓 및 코트는 잘 접어 Overhead Bin에, 무거운 물건이나 깨지기 쉬운 물건은 Restraint Bar가 설치된 좌석 밑에 보관한다. 부피가 큰 물건은 Coatroom에 보관하도록 안내한다. 승무원은 Overhead Bin에 보관된 물품이 떨어져 승객이 상해를 입지 않도록 휴대수하물의 안전한 보관을 돕고, 보관 상태를 철저히 확인한다.
- Oversized Baggage가 있을 경우 지상직원에게 조치를 부탁하여 화물칸으로 보내도록 한다.
- 비상구나 통로에 승객의 휴대수하물이 나와 있는 경우, 비상사태 발생 시 신속한 탈출에 방해가 되지 않게 지정된 장소에 보관하도록 안내한다.

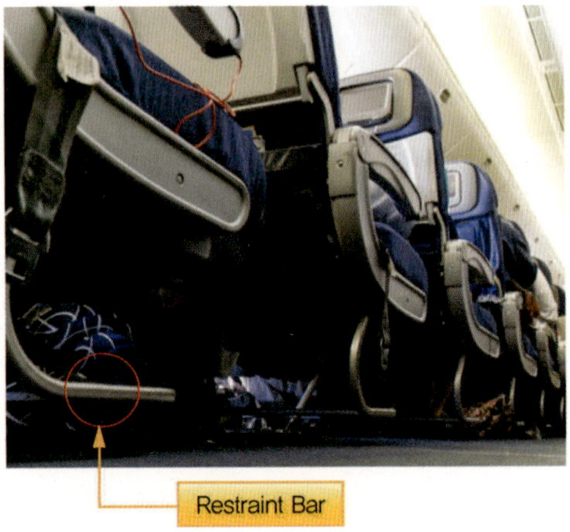

▲ 휴대수하물 보관

▲ 승객 수화물 안내

Overhead Bin Open & Close 방법

〈Open〉

- 해당 Overhead Bin 아래에 착석한 승객에게 양해를 구한다.
  "실례합니다. 잠시 머리 위 선반을 열어도 되겠습니까?"
- 선반을 열 때 물건이 떨어질 수 있기 때문에 살짝 열어 육안으로 안전 여부를 확인한다.
- 다른 손을 아래에 받혀 조심스럽게 연다.

〈Close〉

- Overhead Bin 내 수화물의 배치가 안전한지 확인 후 닫는다.
- 제대로 잘 닫혔는지 재확인한다.

▲ Overhead Bin Open & Close 방법

Oversized Baggage 처리 방법

- 기내 반입이 불가함을 승객에게 설명하고 화물칸으로 탑재해야 함을 안내한다.
- 귀중품(현금, 여권, 귀금속, 중요서류 등) 및 복용할 약 등은 짐에서 꺼내 승객이 소지하도록 한다.
- 좌석번호, 이름을 확인 후 L1 또는 L2 Door로 가지고 가서 객실사무장에게 상황을 보고한다.
- 깨지기 쉬운 수화물은 승객의 서명을 받은 후 'Fragile Tag'을 부착하도록 한다.
- 지상직원이 Baggage에 Tag을 붙여 화물칸에 탑재하도록 조치한다.
- 탑재된 수화물 Tag을 승객에게 전달하며 도착지 Baggage Claim area에서 찾을 수 있음을 안내한다.

5) Ground 서비스

(1) 신문 · 잡지 서비스

- Bridge 접속 부분이나 항공기 전방에 Serving Cart를 이용하여 신문의 제호가 보이도록 Setting한 후 탑승 시 직접 고를 수 있도록 한다. 항공사에 따라 상위클래스는 신문전용 Cart를 이용하여 지상에서 개별 서비스하기도 한다.
- 탑승 후 추가로 신문을 원하는 승객을 위해 소량의 신문을 Galley 안에 보관해 둔다.
- 신문의 양이 부족하거나 신문이 없을 경우에는 승객의 의향을 물어 다른 승객이 보신 신문을 수거하여 깨끗한 상태로 재서비스한다.
- 잡지는 일회용이 아니며 주간지, 월간지는 해당기간 동안 다시 서비스되므로 도착 전 서비스된 모든 잡지는 회수하여 탑재되었던 가방에 보관하여 인계한다.

▲ 신문 서비스

(2) Headphone 및 개인용품 서비스

- 국제선 중장거리 비행의 경우 승객들이 비행 중 엔터테인먼트 서비스를 즐길 수 있도록 Headphone을 서비스한다.
- Headphone의 경우 항공사, Class별, 노선별 특성에 따라 서비스 방법에 차이가 있다.
- 국제선 중장거리의 경우 이륙 후 Basket에 Setting하여 서비스하며, 상황에 따라 탑승 전 Seat Pocket에 미리 Setting할 때도 있다.

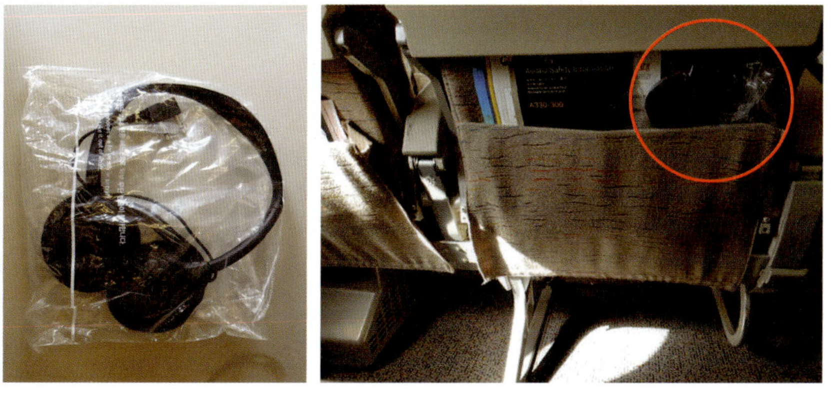

▲ Headphone

(3) Welcome Drink 및 외투 보관 서비스

- 상위 Class에서는 승객들이 탑승하면 자켓 및 코트 보관이 필요한 승객에게 옷을 받아 Tag에 이름과 좌석번호를 적어 Hanger에 같이 걸어 두고 Coatroom에 보관한다. 이때 귀중품 유무를 반드시 확인해 중요 소지품은 승객이 별도 보관하도록 안내한다.
- 상위 Class에서는 승객이 좌석에 착석 후 Welcome Drink를 제공한다.

6) Ship Pouch 인수

- Door Close 전 객실사무장은 지상직원으로부터 Ship Pouch를 인수받는다.
- Ship Pouch 안에 여객 및 화물 운송관련 서류, 도착지 입국서류 등이 들어 있는지 확인한다.
- 지상직원으로부터 탑승한 승객에 관한 정보가 기재된 SHR을 인수받아 각 Class에서 서비스 수행 시 활용한다.

SHR(Special Handing Request)

항공기에 탑승한 승객에 관한 정보가 기재된 서류를 말하며 서비스 시 필요한 중요한 내용을 포함하고 있으므로 원활한 서비스가 이루어지도록 적극 활용하고 승객에게 노출되지 않도록 한다. 기재된 사항은 아래와 같다.

- 해당 편수, 날짜, 출발지
- Class별 승객 수 및 전체 승객 수
- 승객의 인적사항(좌석번호, 승객성명 및 직함)
- Special Meal에 관한 정보
- 기내판매 사전주문 승객정보
- VIP, CIP, TWOV, UM, WCHR 등의 정보
- 빈 좌석 정보

7) Door Close & Slide Mode Check

(1) Door Close

- 승객탑승이 완료되면, 휴대수하물의 정위치 보관상태, Overhead Bin의 닫힘 상태, 승객의 착석상태를 확인한다.
- 객실사무장은 지상직원에게 Ship Pouch를 인계받은 후 지상직원으로부터 받은 항공기 탑승인원을 기장에게 보고하여 탑승이 완료되었음을 알린다.
- 기장의 동의하에 항공기 Door Close를 알리는 방송을 실시한 후 출입문을 닫는다.

Door Close 전 확인사항

- 승무원 및 승객의 수 확인
- Ship Pouch의 이상 유무 확인
- 추가 탑재 요청 서비스품목 확인
- Weight & Balance의 Cockpit 전달확인
- 지상직원(운송직원, Catering직원, 정비사)의 잔류여부 확인
- 출항 허가서류 확인(G/D, P/M, C/M)

G/D(General Declaration)

항공기가 입 · 출항 허가를 받기 위해 모든 관계 기관에 제출하는 서류를 말한다. 항공기의 일반사항(편명, 항공기등록번호, 출발날짜, 목적지), 승무원 명단이 기재되어 있으며. 객실사무장이 탑승승객 수, 출발지, 목적지, 비행 중 환자 및 전염병 등에 관련된 신고사항을 기록할 수 있도록 되어있다.

P/M(Passenger Manifest)

항공기에 탑승한 승객의 영어이름, 좌석 번호, 성별, 국적, 탑승수속 순서가 기재되어 있는 승객 명단을 말한다.

C/M(Cargo Manifest)

항공기에 탑재된 화물의 상세한 내역이 기재되어있는 적하목록을 말한다. 주요 기재 사항은 항공기 등록번호, 항공기 출발지와 목적지, 편명, 화물의 개수와 중량, 품목 등이 자세하게 기재되어 있다.

(2) Slide Mode Check

- Door Close 후 객실사무장의 지시에 따라 각 Door 담당 승무원은 Slide Mode Check를 실시한다.
- Slide Mode 변경 방법은 항공기 제작사와 항공기 기종별로 상이하므로 항공사별로 정해진 규정에 따라 지상모드에서 비행모드로 변경하며 L Side, R side 승무원이 상호 Cross Check 후 PA를 통해 최종 보고한다.
- 객실사무장은 All Attendant Call로 객실 준비사항을 재확인한 후 기장에게 Push Back 준비가 완료되었음을 보고한다.

Slide Mode

- Disarmed Position(정상위치, 지상모드): Door Open 시 Slide가 팽창되지 않는 상태
- Armed Position(팽창위치, 비행모드): 비상탈출 시 문을 개방하면 Slide가 자동으로 팽창되어 펼쳐지는 상태

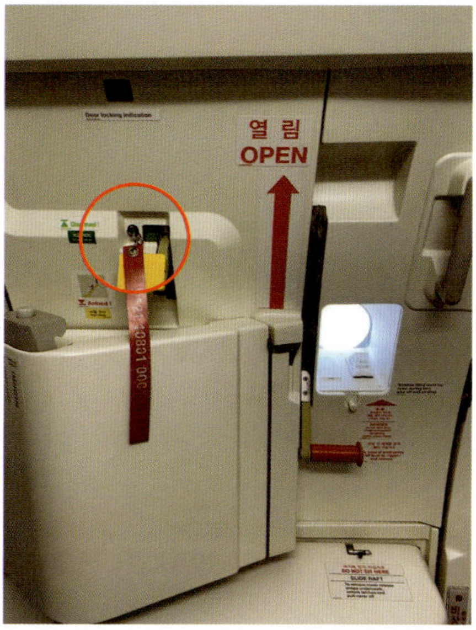

▲ Safety Pin으로 고정된 정상위치의 Slide Mode(항공기가 지상에 있는 경우)

8) Welcome Announcement & Greeting

- Slide Mode Check 및 보고를 마친 승무원은 담당 Zone의 지정된 위치에서 밝은 표정으로 대기한다.
- 기내방송 담당 승무원은 Welcome 방송을 실시한다.
- Welcome Announcement의 시작 첫인사말과 동시에 담당 Zone 승객을 향해 감사의 마음을 담아 정중하게 환영인사를 한다.

- 인사 시작 전, 후 주변에 계신 승객과 Eye Contact을 한다.
- 기내방송은 해당 편 비행에서 최상위 방송 자격을 갖춘 승무원이 실시하며, 항공사를 대표하여 환영의 마음을 전하고 비행정보 및 안전에 관한 중요한 사항들을 전달해야 함으로 진심을 다해 방송을 실시해야 한다.

Welcome Announcement 내용

- 환영 인사말
- 비행 편명, 목적지, 비행시간
- 기장 및 객실사무장 소개
- 좌석벨트 착용, 등받이, 테이블, 팔걸이, 발받침 원위치 안내
- 금연 안내
- 전자기기 사용제한

9) Safety Demonstration

- Safety Demonstration은 항공규정에 의한 항공사의 필수 의무 규정으로 모든 항공기는 이륙 전 반드시 Safety Demonstration을 실시해야 한다.
- 안내방법으로는 Video System이 있는 기종에서는 모니터를 통한 영상을 상영하고 Video System이 없는 기종이나 Video System의 오류로 인해 상영이 불가능할 경우 객실승무원이 직접 시연한다.

Safety Demonstration 내용

- 좌석벨트 사용법
- 비상등 및 비상탈출구 위치
- Exit Row Seat 승객의 의무
- Life Vest 위치 및 사용법
- 산소마스크 위치 및 사용법
- 전자기기 사용 금지 안내
- Safety Briefing Card

▲ Safety Demonstration 시연

10) 이륙준비 및 승무원 착석

(1) 이륙준비

- 이륙 전 전체 승무원은 담당구역별로 아래와 같은 이륙 준비에 관한 점검 사항을 신속히 수행한다.
- Galley 내 모든 Cart, Carrier Box Locking, Curtain Open 상태 확인 및 Galley 조명 Dim 상태로 조절한다.
- 승객의 착석 및 좌석벨트 착용상태, 좌석 등받이, Tray Table, Arm Rest 정위치 상태, 창문 덮개(Window Shade) 열림 상태를 확인한다.
- 모든 짐 보관 상태, Overhead Bin Locking 상태를 확인한다.
- 화장실 점검(승객유무 확인, 변기 뚜껑 닫힘 상태 확인)을 한다.
- 기내 조명 Dim 상태로 조절한다.

▲ Overhead Bin Locking 상태 확인 중인 승무원

(2) 승무원 착석

- 이륙준비를 완료한 전 승무원은 담당구역으로 지정된 Jump Seat에 착석한다.
- 좌석벨트를 허리 아래로 고정하고 Shoulder Harness를 착용한다.
- 발바닥을 바닥에 붙이고 양손을 위로 향하게 하여 다리 밑에 깔고 앉는다.
- 30 Seconds Review를 실시한다.

30 Second Review란?

이륙 시 만약의 사태에 대비하여 발생 가능한 비상상황을 가상하고 그때 객실승무원이 취해야 할 행동을 약 30초 동안 구체적으로 Review하여 사고 발생 시 대처능력을 높이기 위한 것을 말한다. 따라서 객실승무원은 이착륙 시 Jump Seat에 착석 후 머릿속으로 예상치 못한 비상상황에 신속하게 대처하기 위한 '30 Second Review'를 하도록 한다.

〈Review 내용〉

- 비상장비의 위치와 작동법
- 비상구의 위치와 작동법
- 충격방지 자세
- 비상탈출 순서
- 비상탈출 시 도움이 필요한 승객
- 비상탈출 시 도움을 줄 수 있는 승객

3. 이륙 후 업무

이륙 후 업무 절차

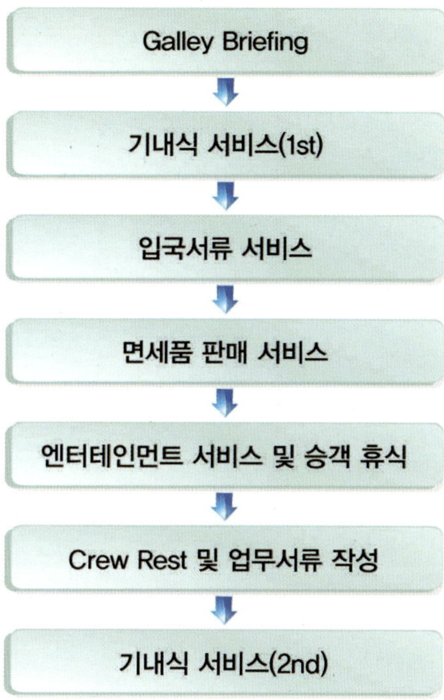

1) Galley Briefing

- 항공기가 적정고도에 이르러 'Fasten Seatbelt Sign'이 꺼지면 객실승무원은 서비스 업무를 시작한다.
- 기내서비스가 시작되기 전 서비스 담당 Galley에 모여 기내서비스복장으로 갈아입는다.
- 원활한 서비스 업무 수행을 위해 각 Zone별 Senior의 주관하에 Galley Briefing을 실시한다.

Galley Briefing의 내용

- 각 담당 Zone의 탑승객 정보
- 기내식 내용 및 수량
- Special Meal 내용 및 수량, 주문한 승객 정보, 서비스 방법
- 일반기내식 서비스 방법 및 순서
- 기내서비스 시 유의사항 및 특이사항

2) 기내식 서비스(1st)

기내식 서비스 순서

- Menu Book
- Towel
- Aperitif(식전음료) 서비스
- Meal 서비스
- Wine & Water Refill
- Coffee & Tea 서비스
- Meal Tray 회수

(1) Menu Book

- Full Service를 제공하는 국내외 항공사의 중장거리 비행에서는 기내식 서비스 전 Menu Book을 제공한다.
- 객실승무원들은 Menu Book을 참고하여 조리방법과 내용을 숙지하고 승객에게 안내할 수 있도록 한다.

(2) Towel

- Towel은 Cotton Towel과 Disposal로 구분할 수 있으며 항공사마다 Class 별로 제공시점과 방법, 종류에 차이가 있을 수 있다.
- Cotton Towel을 Heating하여 서비스할 경우 승객들에게 Towel이 뜨겁다는 것을 안내한다.
- 서비스하기 전에 반드시 온도, 습도, 청결상태 등을 확인하고 Towel Spray를 뿌리고 서비스한다.
- 회수 시 승객이 직접 담을 수 있도록 유도하거나 Towel Tong을 이용하여 회수한다.

Cotton Towel 준비 및 서비스 방법

- Hot Towel 준비방법은 Oven에 Medium으로 20~25분 Heating하거나, Towel 위에 종이컵으로 적당량의 뜨거운 물을 골고루 붓는 방법이 있다.
- 승객에게 서비스하기 전에 반드시 온도와 습도, 청결상태를 확인한다.
- 서비스 시 왼손은 Towel Basket의 바닥부분을 손에 받치고, 오른손은 Towel Tong을 사용하여 서비스한다.
- Towel 서비스 시 반드시 뜨거운 상태에 대한 주의를 당부해야 한다.
  "뜨거우니 조심하십시오."
  "Hot Towel 준비해 드리겠습니다."
- 회수 시 승객이 직접 담을 수 있도록 유도하거나 Towel Tong을 이용하여 회수한다.

(3) Aperitif 서비스

- Aperitif는 식사 전 제공되는 음료로 항공사마다 출발시간, 비행시간, 노선별 특성에 따라 Tray로 서비스하거나 Beverage Cart 또는 Meal Cart 위에 Setting해서 서비스한다.
- 제공되는 음료로는 알코올 음료(Beer, Wine, Liquor 등), 비알코올 음료

(Water, Soft Drinks, Juice 등)로 다양하며 아침식사가 제공되는 경우, Hot Beverage(Coffee, Tea)를 준비한다.

- 차갑게 제공해야 하는 음료는 Chilling 상태를 확인하고 얼음과 함께 제공되어야 할 음료는 얼음을 준비하여 서비스한다.

Aperitif 서비스 방법

- 음료 서비스 전 반드시 음료의 종류 및 특성에 대해서 숙지한다.
- 음료의 상표가 부착된 경우 승객 쪽에서 상표의 정면이 보일 수 있도록 놓아 드린다.
- 음료를 Can으로 제공할 경우 Can은 잔의 왼쪽에 놓는다.
- 모든 주스류는 차게 해서 서비스하고, 탄산음료는 Chilling된 상태에서 얼음과 함께 서비스한다. 단, 승객의 취향에 따라 제공할 수 있다.
- 맥주는 캔을 Open해서 컵에 반 정도 따른 후 Can과 함께 서비스한다.
- 차가운 음료는 차갑게 뜨거운 음료는 뜨겁게 서비스하며 뜨거운 음료를 제공할 때는 화상에 주의하도록 안내한다.

▲ 음료 서비스

(4) Meal 서비스

- Meal 서비스는 항공사마다 Class, 노선 및 서비스 시점에 따라 기내식의 종류가 상이하며 장거리의 경우 일반석에서는 2Choice Entrée를 제공한다.

- 제공될 식사의 메뉴와 조리법을 미리 숙지하여 항공기 기종별 Oven 상태 및 Entrée 종류별 기준 시간에 따라 Heating을 해야 한다.
- Meal Tray에 빵이 있는 경우 Entrée만 Heating하여 Tray에 Setting하고 이때 Meal Tray 위 구성물이 흐트러지지 않게 유의해야 한다.
- 빵이 Bulk로 탑재된 경우 빵을 Heating하여 Linen을 깐 Bread Basket에 빵을 Setting 후 Bread Tong으로 식사와 함께 제공한다.
- Meal Type에 맞는 Cart Top을 준비하여 Meal 서비스를 하도록 한다.
- Special Meal은 일반 Meal보다 우선적으로 승객에게 제공한다.
- 한식 메뉴가 있는 경우 서비스 방법을 미리 숙지하고, 특히 외국인 승객에게는 취식 방법을 설명한다.
- 각 Zone의 승객 수 및 승객 성향을 고려하여 Menu별 승객의 주문을 유도하여 부족하지 않도록 하고 만약 승객이 원하는 Menu가 없는 경우 정중히 양해를 구하고 다른 메뉴를 제공한다.
- Meal 서비스와 동시에 Wine과 음료 주문을 받아 바로 서비스한다.
- Meal 서비스 완료 후 Meal Cart를 원위치에 정리하고, Wine과 Water Refill 서비스를 한다.

▲ Meal 서비스

Meal 서비스 시 취침승객 서비스 방법

- 식사 서비스 시 숙면 중인 승객은 깨우지 말고, 승객의 전면 Seat Back에 차후에 취식 가능함을 알려 주는 Serving Tag을 붙인다.
- 취식하지 않은 승객의 식사는 따로 보관하고, 서비스 도중이나 이후에 취식을 원하는 경우 Serving Tag을 제거 후 즉시 식사를 제공한다.
- 식사 이외에 다른 것을 요청하는 승객에게는 대체할 수 있는 것을 권유하여 제공한다.
- Approach Signal 이후 깨어나 식사를 요청하는 승객에게는 착륙준비로 인해 Meal 서비스가 불가함을 안내하고 양해를 구한다.

(5) Coffee & Tea 서비스

- 승객들의 식사 속도를 고려하여 Coffee와 Tea를 서비스하며, 서비스 Flow는 식사 서비스 진행 방향과 동일하게 서비스한다.
- Coffee는 신선도와 향을 위해 서비스 직전에 Brew하여 뜨겁게 제공하며 1회 이상 Refill 서비스를 한다.
- 뜨거운 음료는 항상 뜨겁게 제공되어야 하며 서비스 시에는 승객의 안전에 각별히 주의를 기울여야 한다.
- 대체로 Coffee를 먼저 서비스하고 이어서 Tea 서비스를 한다.

Coffee & Tea 서비스 방법

- Meal 서비스가 끝난 후 Small Tray와 Coffee & Tea 서비스 Item(Tea Bag, Lemon Slice, 설탕, 크림 등)을 준비한다.
- Coffee & Tea 서비스 시 한 손에 Coffee Pot과 다른 한 손에는 Small Tray를 들고 Aisle 쪽을 향하게 위치한다.
  "커피 드시겠습니까?"
- 승객이 직접 Meal Tray에 있는 커피 잔을 Small Tray 위에 놓도록 한다. 뜨거운 커피나 물은 Aisle 쪽에서 따른 후 승객이 직접 가져갈 수 있도록 하며 뜨겁다는 것을 안내한다.
  "Cup 올려 주시겠습니까? 뜨겁습니다. 조심하십시오."
- 커피 서비스 시에는 커피를 따른 후 설탕과 크림을 승객이 집을 수 있도록 안내한다.
  "설탕, 크림 필요하십니까?"
- Tea 서비스 시에는 뜨거운 물을 먼저 서비스한 후 Small Tray 위에 준비된 Tea Bag을 승객이 선택하도록 안내한다.

▲ Coffee & Tea 서비스

(6) Meal Tray 회수

- 승객의 90% 이상이 식사를 끝냈을 때 신속하게 Meal Tray를 회수한다.
- Meal Cart 상단에 Drawer를 Setting하고, 그 안에 Towel, Water, Plastic Cup 등을 준비하여 요청하는 승객에게 제공하며, Meal 서비스와 동일한 Flow로 회수한다. 식사가 일찍 끝난 승객은 승객의 의향을 물어 먼저 회수한다.

Meal Tray 회수 방법

- 식사에 대한 만족도와 회수 여부를 물어본 뒤 Aisle Seat에서부터 Window seat 순서로 Meal Tray를 회수한다.
  "식사 맛있게 드셨습니까? 치워 드려도 괜찮으시겠습니까?"
- 승객이 물을 더 원할 때에는 냅킨과 함께 물을 제공한다.
- 남은 음료가 담긴 컵은 쏟아지지 않게 Drawer에 차곡차곡 정리한다.
- 회수한 Meal Tray는 Meal Cart의 상단부터 채운다. 승객 테이블이 깨끗하지 않을 경우 미리 준비한 타올(Towel)로 정리한다.

(7) Aisle & Lavatory Cleaning

- Meal Tray 회수가 완료되면 Aisle 담당승무원은 미회수한 Meal Tray 및 컵 등을 다시 한 번 회수하고 승객좌석 주변이나, 통로, 잡지꽂이를 정리정돈하여 승객들이 쾌적하게 여행할 수 있도록 한다.
- 화장실 점검을 실시하여 식사 후 화장실을 이용하는 승객들이 청결한 화장실을 사용할 수 있도록 하고 승객의 편의를 위해 Lavatory Item을 충분히 채워 둔다.

3) 입국서류 서비스

- 입국에 필요한 서류는 통상적으로 입국카드와 세관신고서이며 일부 국가에서는 검역신고서를 작성해야 한다.
- 객실승무원은 비행 전 도착지 국가의 출입국 규정을 숙지하여 승객에게 정확한 정보를 안내해야 한다. 특히 UM, 노약자, 해외여행의 경험이 없는 승객 등의 경우 서류작성에 적극적으로 도움을 드린다.
- 입국서류 서비스 시 승객의 Transit 여부 및 최종 목적지를 확인하여 이에 맞는 입국서류를 제공해야 하며, 목적지 공항 도착 전 입국서류 작성 안내방송을 실시할 때 담당 Zone 승객의 입국에 필요한 서류소지 및 작성 여부를 재확인해야 한다.

▲ 입국서류 서비스

4) 면세품 판매 서비스

- 입국서류 서비스가 완료되면, 면세품 판매 안내 방송을 한다.
- 면세품 판매 서비스는 항공사별로 차이가 있지만 Cart에 Setting하여 판매하는 방법과 승객의 면세품 주문서를 받아 판매하는 방법이 있다.
- 기내 판매 담당 승무원은 전체적인 기내판매 업무를 총괄하고, 면세품 판매 시에는 객실 내 서비스 공백이 생기지 않도록 유의한다.
- 사전주문제도로 물품을 예약한 승객에게 주문여부를 확인한 후 기내판매 담당자에게 전달한다.
- 환율, 할인품목, 노선 및 상황에 따라 추가되거나 판매가 중지된 품목 등 기내판매 관련한 최근 공지 사항을 사전에 숙지하여 정확한 정보를 승객에게 전달할 수 있도록 한다.
- 기내면세품을 판매할 때는 휴식을 취하는 승객에게 방해가 되지 않도록 주의한다.

▲ 기내 면세품 책자

기내 면세품 판매 시 유의 사항

- 면세품 전달 시 "손님, 주문하신 000입니다. 주문하신 물품이 맞는지 확인해 주시겠습니까?" 등의 대화문을 사용하여 승객과의 상호확인을 통해 면세품의 오전달을 방지한다.
- 공항마다 환승승객에 대한 액체류를 환승보안 검색 시 제한하는 공항이 많다. 따라서 승객의 환승여부를 반드시 확인하여 기내에서 액체류(주류, 화장품 등) 판매 시 STEB[1)]에 넣어 완전 봉인 후 제공하며 승객은 환승보안검색 통과 및 도착지까지 개봉해서는 안 된다.

▲ 면세품 서비스

1) STEB: Security Temper Evident Bag. ICAO(국제민간항공기구)가 인증한 밀봉 가능한 비밀 봉투로 개봉을 하면 흔적이 남도록 하여 개봉여부 확인이 가능한 투명 비닐 봉투이다.

귀국편 사전 주문서 제도란?

기내 좌석에 비치되어 있는 사전 주문서를 작성하여 기내에서 판매되는 면세품을 귀국 편에 구입할 수 있도록 한 제도이다.

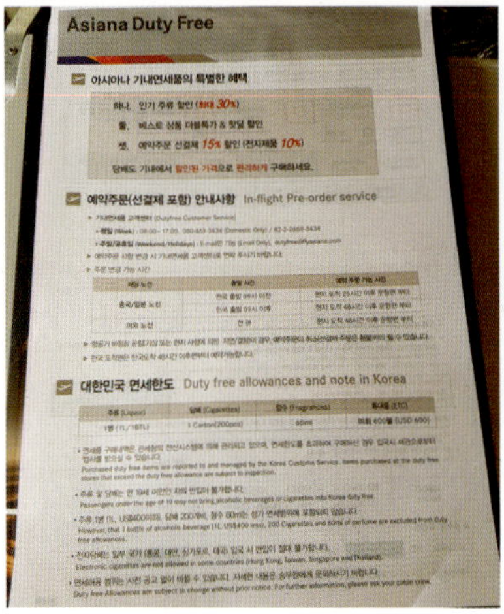

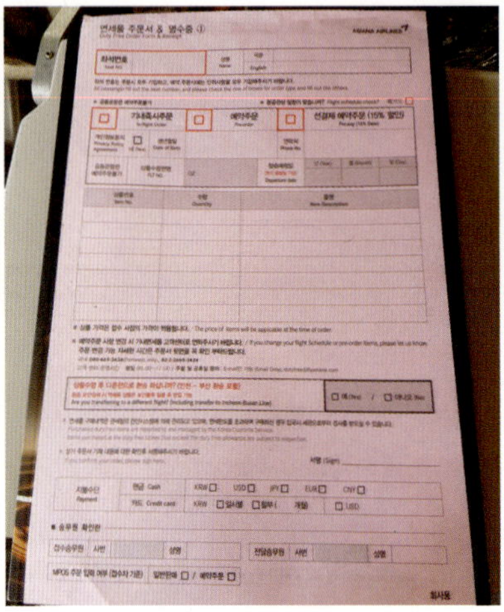

▲ 기내 면세품 사전 주문서

5) 엔터테인먼트 서비스 및 승객 휴식

- 기내 면세품 판매 서비스가 끝나면 기내 조명을 어둡게 하여 승객이 편안하게 휴식을 취할 수 있도록 한다. 이때 창문 덮개(Window Shade)는 닫도록 안내한다.
- 개인용 Monitor & AVOD System은 기종마다 작동하는 방법에 차이가 있으므로 사전에 숙지하여 승객에게 안내할 수 있도록 한다.
- 최근 신기종의 전 좌석에는 개인용 모니터가 장착되어 있어 승객이 원하는 엔터테인먼트를 선택하여 즐길 수 있다.

In Between Snack Service(간식서비스)

- In Between Snack Service(간식서비스)란 장거리 노선에서 정규 Meal 외의 시간에 제공하는 간식 개념으로서 비행 중 Meal 서비스와의 적정 시간 간격을 유지하여 첫 번째 Meal과 두 번째 Meal 사이에 제공되는 것을 말한다.
- In Between Snack Service(간식서비스)의 종류에는 노선 및 항공사별로 상이하지만 컵라면, 삼각김밥, 조각 피자, 샌드위치, 바나나, Chips 등이 있으며 냅킨과 음료를 함께 제공한다.

6) Crew Rest 및 업무서류 작성

(1) Crew Rest

- 8시간 이상의 장거리 노선의 경우 객실승무원은 첫 번째 Meal 서비스가 끝난 후 두 번 째 Meal 서비스 준비시간 전까지 2교대로 Crew Rest 시간을 가지게 된다.
- Crew Rest는 Crew Bunk가 있는 기종에서는 이를 사용하고 없는 기종에서는 일반석 뒤쪽에 Block되어 있는 좌석을 이용한다.

승객 휴식 중 승무원의 업무

- 승객이 휴식을 취하는 동안 객실승무원도 2교대로 Crew Rest를 실시하며 Intermission Procedure[2)]에 따라 업무를 진행한다.
- 객실승무원들은 15분 간격으로 기내를 Walk around[3)]를 하며 승객 동향 파악 및 불편사항을 사전에 조치할 수 있도록 한다.
- 30분 간격으로 화장실을 점검하여 기내 흡연을 방지하고 갑작스런 화재 발생을 예방한다.
- Walk Around 시에는 항상 Memo Pad와 필기구를 휴대해 승객의 요구사항을 즉시 조치한다.
- 객실의 쾌적성을 유지하기 위해 조명 및 온도, 객실의 청결상태를 점검하고 관리한다.
- 신문이나 책을 보시는 승객에게는 Reading Light를 켜 드린다.
- Infant, Child를 동반한 손님, UM, 환자, 노약자 등 도움이 필요한 분들께는 불편한 사항이 없는지 좀 더 세심한 주의를 기울인다.
- 승객과의 대화는 부담을 주지 않는 내용으로 하며 특정 승객에게 오랜 시간을 할애하지 않도록 한다.
- 승객들의 편안한 휴식을 위하여 Galley에서 작업 시 빛과 소음에 유의하고 승무원 간 잡담을 주의한다.

▲ Walk around

2) Intermission Procedure: 기내 판매 종료 후부터 2nd Meal Service 전까지 이루어지는 중간 휴식 절차를 말

(2) 업무서류 작성

- Inventory List 작성: Inventory List 작성의 목적은 한국 입국편(inbound) 비행에서 사용하게 될 서비스 물품의 잔량을 확인하여 다음 구간의 서비스가 원활하게 진행될 수 있도록 하는데 있다. Inventory List는 모든 서비스가 끝난 후 최종 점검하여 확정하는 것이 좋다.
- 입국 편 승무원 Letter 작성: 입국편 승무원들이 교대하여 비행준비를 할 때 원활한 서비스를 할 수 있도록 Item 위치, 기물 위치, 고장난 부분, 특이사항 등에 관련된 내용을 작성하여 Galley 내 부착해 놓는다.

7) 기내식 서비스(2nd)

- 2차 기내식 서비스 전 식사 서비스를 알리는 방송과 함께 기내 조명을 조금씩 밝게 조절한다.
- 서비스 Flow는 1차 기내식 서비스할 때와 반대방향으로 서비스한다.
- 1차 기내식 서비스할 때와 준비 방법 및 서비스 방법이 동일하나, 아침 식사 서비스 시 Meal Tray 제공 후 바로 Coffee & Tea를 주문받아 서비스한다.

한다.

3) Walk around: 승객이 휴식을 취하는 동안 15분 간격으로 담당 Zone을 순회하며 객실 안전과 쾌적함을 유지할 수 있도록 하는 것을 말한다.

4. 착륙 전 업무

착륙 전 업무절차

기장의 도착 안내 방송 후

↓

Approaching Signal 후

↓

Landing Signal 후

1) 기장의 도착 안내 방송 후

- 목적지 공항 도착 40분 전 기장의 도착 안내 방송이 들리면, 착륙 준비를 위한 준비를 한다.
- 기내방송 담당승무원은 'Arrival Information' 방송을 실시한다.
- 기내판매 담당승무원은 판매 마무리 업무를 시작하며 담당 Zone 승무원들은 제공되었던 Headphone, 서비스 용품을 회수하고 입국에 필요한 서류 소지 및 작성여부를 재확인한다.
- 도착 전 Galley Briefing을 실시한다.

도착 전 Galley Briefing 내용

- Meal(SPML 포함)을 비롯한 서비스 IRR 사항 해결 확인
- 불만승객 발생 및 처리 확인
- Special 승객 Care 및 안내 확인
- 승객 요청사항 수행 및 보관물품 반환여부 확인
- 기타 특이사항

2) Approaching Signal 후

- 항공기가 지상 고도 20,000ft에 도달하면, 기장은 객실승무원들에게 Approaching Signal[4])을 준다.
- 기내방송 담당승무원은 Approaching 방송 및 기타 기내 안내방송을 실시하고 기내면세품 판매 담당승무원은 기내판매 업무를 종료한다.
- 각 Zone 담당 승무원들은 승객들이 맡긴 물품(큰 부피의 짐은 제외)들을 반환해 주고 Special Care 승객을 확인하여 하기 안내 사항을 전달한다.
- Galley 내 용품들을 정리하고 유동물의 고정 상태를 점검한다.

---

4) Approaching Signal: 통상적으로 착륙 20분 전에 Fasten Seat Belt Sign이 3번 울리고, 기장은 "Cabin Crew, Prepare for landing"이라고 방송한다.

Approaching Signal 후 업무

- 기내방송 담당승무원은 Approaching 방송 실시
- 승객의 Seat Belt 착용, Seat Back, Tray Table, Armrest, Footrest 정위치 확인
- 서비스 Item 회수 및 정리
- Overhead Bin Locking 및 그 밖의 유동물 고정
- 승객의 휴대 수화물 보관 상태 점검
- Galley 장비, Carrier Box, Cart Locking 및 Sealing 확인
- Lavatory 승객 유무 확인 및 변기 덮개 고정

▲ GLY 장비 Locking 확인

3) Landing Signal 후

- 항공기가 지상 고도 10,000ft에 도달하면, 기장은 객실승무원들에게 Landing Signal[5)]을 준다.
- 기내방송 담당 승무원은 안내방송을 실시하고 안전업무를 끝낸 승무원은 지정된 Jump Seat에 착석하여 Seat Belt와 Shoulder Harness를 착용한 후 30 Seconds Review를 실시한다.
- 객실 조명을 Dim으로 조절한다.

5) Landing Signal: 통상적으로 착륙 10분 전에 Fasten Seat Belt Sign이 1번 울리는 Signal을 말하며, 이때 착륙을 위한 Landing 바퀴가 내려온다.

5. 착륙 후 업무

착륙 후 업무 절차

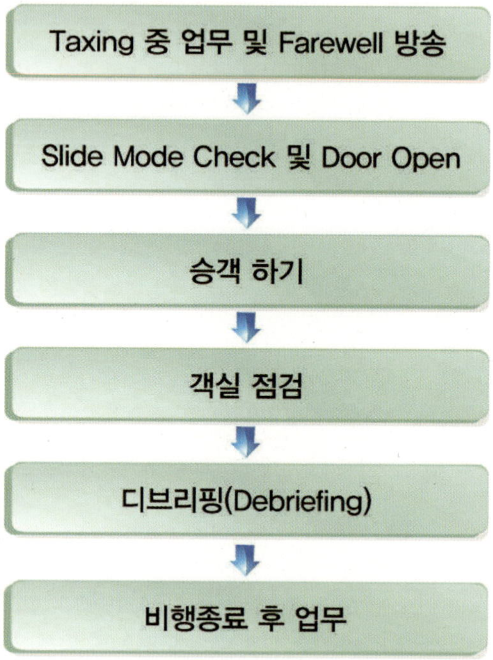

1) Taxing 중 업무 및 Farewell 방송

- 항공기가 목적지 공항의 활주로에 안전하게 Touch Down하면 기내방송 담당자는 엔진의 역회전(Engine Reverse)이 끝난 시점에 Farewell 안내방송을 실시한다.
- 항공기가 착륙 후 활주로, 유도로를 지나 공항터미널까지 이동 중에는 승객의 안전을 위해 Overhead Bin에서 짐을 꺼내거나 화장실을 사용하지 않

도록 안내를 한다. 승무원도 안전업무를 수행하지 않을 경우에는 Jump Seat에 착석해야 한다.

유도로(Taxiway)란?

항공기가 출발을 위해 여객 터미널의 게이트 또는 리모트 주기장에서 출발하여 활주로로 이동할 때 사용하거나, 착륙 후 착륙 활주를 끝내고 승객을 하기시키기 위해 여객 터미널의 게이트 또는 리모트 주기장, 혹은 화물을 하기하기 위해 화물 터미널로 이동할 때 사용하는 도로를 말한다.

▲ 게이트 주기장

▲ 리모트 주기장

활주로(Runway)란?

비행기가 이륙을 위한 추진력과 착륙을 위한 제동거리를 확보하기 위해 직선으로 만들어진 긴 도로를 말한다. 공항이라는 곳에는 터미널과 함께 꼭 있어야 할 필요 요소다.

터미널(Terminal)이란?

항공기에 탑승하기 위해 탑승수속, 출입국 심사, 검역, 세관 등의 기능과 기관을 가진 건물을 의미한다. 여객뿐만 아니라 화물의 경우에도 화물 탑재, 하기, 통관 등이 이루어지는 공간(건물)을 의미해 각각 여객 터미널, 화물 터미널로 불린다.

2) Slide Mode Check 및 Door Open

- 항공기가 완전히 멈춘 후 좌석벨트 표시등이 꺼지면 객실사무장은 PA로 Slide Mode 변경을 지시하고 전 승무원은 방송에 맞추어 비행모드에서 지상모드로 변경 후 상호 점검을 한다.
- Door Open 전 객실 조명을 Full Bright로 조절하고, 객실사무장은 Seat Belt Sign Off와 Slide Mode(지상모드)를 한 번 더 확인한 후 항공기 외부의 지상직원에게 Door Open 수신호를 주어 외부에서 Open하도록 한다(B737 기종은 내부에서 Open).
- Door Open 후 지상직원에게 여객 및 화물 운송 관련 서류(Ship Pouch)를 인계하고 해당 편 Special Care 승객 수 및 준비사항(WCHR, 한가족 서비스 직원 대기 등)을 확인한다.
- 승객 하기가 결정되면 객실 사무장은 승객 하기 방송을 실시한다.

▲ Door Open 허가 Sign

3) 승객 하기

- 승객 하기 시 각 Zone 승무원은 지정된 Jump Seat 주변에서 밝은 미소와 함께 적절한 인사말을 사용하며 하기 인사를 한다.
- 도어를 두 개 이용하여 하기할 경우 대형 항공기(wide body)의 왼쪽 열(L side) 승객은 열린 도어 중 뒤쪽 도어(L2 Door)를 이용하여 하기하도록 안내하고 오른쪽 열(R side)승객은 앞쪽 도어(L1 Door)를 이용하여 하기하도록 안내한다.
- 승객 하기 순서가 지켜지도록 Curtain을 사용하여 하기를 유도하도록 하고 도움이 필요한 승객에게 적극적인 응대로 신속한 하기가 이루어질 수 있도록 한다.
- 담당 객실승무원 간의 승객 정보 공유를 통해 하기 안내 시 정확하게 안내가 이루어질 수 있도록 하고 필요시 지상직원에게 승객을 인계하여 담당 지상 직원의 도움을 받아 도착장까지 갈 수 있도록 한다.

▲ 승객 하기

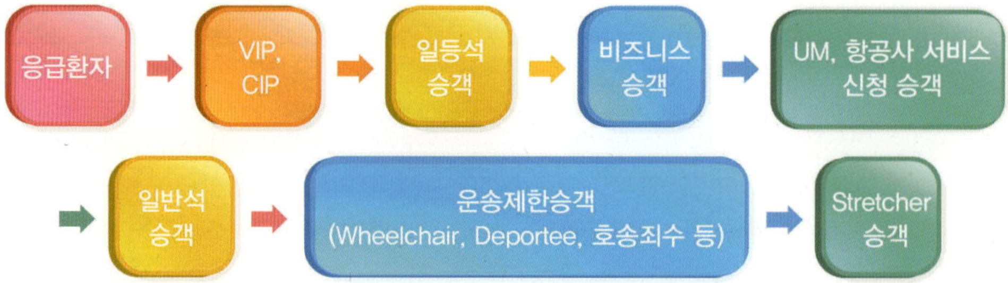

▲승객 하기 순서

VIP(very important person)란?

- A급: 전 · 현직 대통령, 전 · 현직 3부 요인(국회의장/ 대법원장/ 국무총리)
- B급: 행정부 차관 이상, 입법부 국회의원 이상, 사법부 대법원 판사 이상
- C급: 회사와 긴밀한 관계에 있는 내 · 외국 인사

CIP(corporate important person)란?

- A급: 국내 주요 대그룹 회장
- B급: 국영 기업체 사장, 대학 총장
- C급: 국내외 주요 단체의 장

추방자(Deportee)란?

출발지 국가로부터 불법 체류자나 그 밖의 사유로 인하여 추방된 승객을 뜻한다. 객실사무장은 해당 승객의 여권 및 서류를 보관하고 도착지 공항 운송 직원에게 인계한다.

호송 죄수란?

- 호송 대상자 1명당 2명 이상의 호송관이 함께 탑승한다. 호송 대상자와 호송 책임자의 탑승은 승객 탑승 이전에 완료되어야 하며 목적지 도착 시에는 승객이 모두 하기한 후에 하기하여야 한다.
- 지상 직원은 호송 대상자와 호송 책임자의 탑승을 실시하기 전에 기장과 객실사무장에게 호송 사실과 호송 대상자의 수 및 좌석 번호를 통보하여야 한다. 좌석은 기내 뒤쪽에 배정되며 Galley 근처, 비상구 쪽 좌석 또는 통로 쪽 좌석에 배정되어서는 안 된다.
- 호송 대상자 옆에 호송 책임자가 착석하여 호송 대상자 기내 이동 시 반드시 호송 책임자가 동행하여야 한다.

4) 객실 점검

- 모든 승객이 하기한 후 전 승무원은 객실 및 화장실 내 잔류 승객 유무를 확인하고 좌석주변, Overhead Bin, Coatroom 등에 승객이 두고 간 물건이 없는지 확인한다.
- 유실물 발견 시 객실사무장에게 보고하고 도착지 운송직원에게 인계하거나 운송직원과 연결이 불가한 경우에는 출발 · 도착 안내 데스크 또는 분실물 창구에 인계한다.
- 객실사무장은 유실물의 내용, 형태, 개수, 발견 장소, 인계 운송직원의 인적사항을 Purser's Flight Report에 기재한다.
- Crew Rest Area(Crew Bunk) 내 이상 유무 및 Crew Rest Area Key가 정위치에 있는지 확인한다.
- 전 승무원은 담당 Zone별로 Slide Mode가 지상모드인지 재확인하고 지상서비스직원과 인수인계가 필요한 Item을 인계한다.

- 비행 중 이상이 발견된 장비나 설비는 객실사무장에게 보고하고 객실사무장은 Cabin Log에 기재하여 연결편 비행에 불편함이 없도록 한다.
- 객실사무장은 최종적으로 기내를 순시하여 이상 유무를 확인한다.

5) 디브리핑(Debriefing)

- 객실사무장의 주관하에 디브리핑(Debriefing)을 실시한다. 비행 근무 시 잘된 부분은 칭찬을 통해 승무원을 격려하고 미진한 부분은 다음 비행에 더 좋은 서비스를 하기 위해 Feedback을 한다.
- 비행종료에 대해 간단히 정보를 공유하고 비행에 대해 정리하는 시간을 갖도록 한다. 장소는 객실전방 또는 Gate 앞 등 승무원이 모일 수 있는 적절한 장소를 택해 실시하며, 실시내용을 고려하여 외부 직원에게 노출되지 않는 장소를 택한다.
- 객실승무원은 비행 중 발생한 문제점이나 특이사항 중심으로 객실사무장에게 보고하고, 객실사무장의 지시사항을 적극적으로 수용한다.
- 디브리핑 실시결과 별도 보고 및 업무개선이 필요하다고 판단되는 경우 객실사무장은 각종 Report를 작성하여 회사에 보고한다.

6) 비행종료 후 업무

- 비행종료 후 이동 시 또는 현지 체류 시 객실사무장은 승무원들이 항공사 승무원으로서의 긍지를 갖고 에티켓과 품위를 지킬 수 있도록 관리, 감독한다.
- 비행 완료 후 Lay Over 시 승무원 간 긴밀한 연락체계가 가능하도록 하며, Irregular 상황 및 사고에 대하여 보고받은 경우 객실사무장은 신속히 유선,

Fax, 메일 등을 사용하여 해당 팀장에게 그 내용과 사실을 보고한다.

- 비행 후 체류호텔에 도착한 경우 다음 비행 편의 Pick-up Time을 확인하고, 현지 체류 시 승무원은 객실승무원 업무 기준과 근무절차에 따라 비행 준비에 만전을 기하도록 한다.

Worksheet

1. 비행 전 준비 업무 중 객실브리핑에 대해 설명해 보세요.

2. 비행 전 객실 점검의 주요 내용에 대해 설명해 보세요.

3. 항공기 승객 탑승 Priority에 대해 설명해 보세요.

4. 비상구 열 좌석 배정 불가 승객에 대해 설명해 보세요.

5. 기내식 서비스 방법에 대해서 설명해 보세요.

6. Approaching Signal 후 기내 업무에 대해 설명해 보세요.

7. UM: unaccompanied minor에 대해 설명해 보세요.

8. 승객 하기 후 객실점검에 대해 설명해 보세요.

MEMO

참고문헌

김화연, 이향정(2019). 항공객실업무론. 서울: 백산출판사.

대한항공 객실업무교범(Cabin Service Manual)

박수미, 배윤미(2020). 항공객실서비스론. 경기: 양성원.

아시아나항공 Cabin Crew Manual.

양정미, 조영신, 김선희(2019). NCS기반 항공객실업무론. 서울: CENGAGE.

유문주, 김보희, 이성희, 김지아(2020). 객실승무 관리업무. 서울: CENGAGE.

이수경(2020). NCS 항공객실서비스 비행 준비부터 이륙 전 서비스. 서울: CENGAGE.

장태선, 박지현(2019). 항공객실 업무론. 서울: 새로미.

〈웹사이트〉

대한항공 www.koreanair.com

아시아나항공 www.flyasiana.com

에미레이트 항공 www.emirates.com

에어부산 www.airbusan.com

제주항공 www.jejuair.net

ko.wikipedia.org/wiki

www.ncs.go.kr

www.serch.naver.com

namu.wiki

찾아보기

저/자/소/개

▪ 양지혜

경기대학교 서비스경영전문대학원 경영학 박사
전) 아시아나항공 캐빈 매니저
호원대학교 항공서비스학과 외래교수
정화예술대학교 항공서비스과 조교수
현) 장안대학교 항공관광과 조교수
한국관광레저학회 이사
한국관광진흥학회 이사

항공객실업무론

1판 1쇄 인쇄 — 2021년 3월 2일
1판 1쇄 발행 — 2021년 3월 5일

저　　자 - 양지혜
발 행 인 - 강철원
발 행 처 - 양성원
주　　소 - 경기도 파주시 검산로 173번길 29-20
전　　화 - 031-946-3861(代)
팩　　스 - 031-946-3864
이 메 일 - tnwpub@naver.com
홈페이지 - tnwpub.co.kr
출판등록 - 2015년 8월 31일 제 2015-000211 호

ISBN 979-11-6126-365-6

정가 20,000원